Aberta a todas as correntes do pensamento, integra autores modernos e textos fundamentais que vão da filosofia da linguagem à hermenêutica e à epistemologia.

Cadernos

Título original:
Notebooks 1914-1916

© Blackwell Publishers 1998

Tradução: João Tiago Proença

Revisão da tradução: Artur Morão

Capa: FBA

Depósito Legal nº 209968/04

Biblioteca Nacional de Portugal – Catalogação na Publicação

WITTGENSTEIN, Ludwig, 1899-1951

Cadernos 1914-1916. - (Biblioteca de filosofia
contemporânea ; 34)
ISBN 978-972-44-2066-0

CDU   16

Fotocomposição de
Mariano

Impressão e acabamento de
CASAGRAF – ARTES GRÁFICAS UNIPESSOAL, LDA.
para
EDIÇÕES 70
Abril de 2004

Direitos reservados para todos os países de Língua Portuguesa
por Edições 70

EDIÇÕES 70, Lda.
Avenida Engenheiro Arantes e Oliveira, 11 – 3º C - 1900-221 Lisboa / Portugal
e-mail: geral@edicoes70.pt

---

www.edicoes70.pt

Esta obra está protegida pela lei. Não pode ser reproduzida,
no todo ou em parte, qualquer que seja o modo utilizado,
incluindo fotocópia e xerocópia, sem prévia autorização do Editor.
Qualquer transgressão à lei dos Direitos de Autor será passível
de procedimento judicial.

Ludwig Wittgenstein
Cadernos

ADVERTÊNCIA

O presente texto não deixará decerto de surpreender o leitor. E a surpresa será maior se ele ficar a saber que as reflexões aqui contidas — lógicas na sua maioria, mas também éticas, e algumas de acento religioso — foram escritas durante a I Guerra Mundial, quando o autor era soldado do Exército austríaco (e um soldado várias vezes condecorado por actos de bravura e de risco!). Sabemos que L. Wittgenstein reagiu positivamente e com entusiasmo à guerra, como aliás muitos outros europeus por ela ansiosos, sem a noção da terrível e brutal realidade que os esperava. Outras notas que dele nos chegaram mostram que a sua ida para a frente de combate se deveu mais à busca da identidade pessoal e do sentido da vida em face da morte do que ao verdadeiro espírito patriótico.

Na altura, e em Cracóvia onde se encontrava, Wittgenstein, além da intensa reflexão filosófica — que estes apontamentos revelam — atravessava uma profunda crise religiosa, moral e afectiva (os seus grandes amigos ingleses, B. Russell, John M. Keynes, David Pinsent e outros, eram «do outro lado»!). Foi também um tempo de profunda depressão, com insinuantes e teimosas ideias suicidárias que repetidamente o assaltavam, só superadas justamente devido à contemporânea preocupação religiosa, na linha de um cristianismo muito heterodoxo de sabor tolstoiano. Trazia sempre consigo no bolso a obra do grande escritor russo, *O Evangelho Abreviado*. Não admira que os companheiros, entre brutos e irónicos, lhe tivessem posto a alcunha de «o homem dos evangelhos»!

Foi nesse clima sombrio que lhe veio a iluminação acerca da sua conhecida «teoria pictórica (ou icónica) da linguagem», esboçada já nestas notas. Receberia ela a forma definitiva no *Tractatus logico-philosophicus* (para ele remetem, nesta edição, os números indicados entre parêntesis, no fim dos aforismos). Apesar de tal doutrina ter sido ulteriormente abandonada e substituída, nas *Investigações Filosóficas*, pela teoria dos «jogos de linguagem», outros aspectos há — e também aqui presentes — que persistirão ao longo da vida e da produção de Wittgenstein; por exemplo o tema da indizibilidade daquilo que os metafísicos pretendem dizer, a afinidade entre ética e estética, a concepção da filosofia como puramente descritiva ou doutrina da forma lógica, o tema do transcendental e de Deus.

Que o leitor possa, pois, nestas páginas, assistir quase em directo à difícil e ousada parturição de um pensamento que marcou todo o século XX e continua a não dar sinais de abrandamento. Possa ainda apreciar o drama vivo de um pensar exigente e a honestidade intelectual de uma das figuras mais invulgares, mais paradoxais e humanamente mais genuínas e nobres de toda a cultura europeia do século XX!

ARTUR MORÃO

---

* Salvo indicação em contrário, todas as notas são da responsabilidade dos organizadores da edição inglesa. (*N. do E.*)

CADERNOS
1914-1916

22. 8. 14

A lógica tem de cuidar de si própria. [*Cf.* 5.473]

Se se puderem estabelecer *em geral* regras sintácticas para as funções, então toda a teoria das coisas, das propriedades, etc., é supérflua. É também demasiado óbvio que nem nas «Leis Fundamentais» nem nos *Principia Mathematica* se fala desta teoria. Mais uma vez: a lógica deve, pois, cuidar de si própria. Um sinal *possível* tem também de poder designar. Tudo o que em geral é possível é também legítimo (permitido). Recordemo-nos da explicação de por que é que «Sócrates é Platão» constitui um absurdo. É porque *nós* não encontrámos uma determinação arbitrária, mas NÃO porque o sinal seja porventura em si e por si ilegítimo! [*Cf.* 5.473.]

2. 9. 14

Num certo sentido, não nos podemos enganar na lógica. Isto já está parcialmente assim expresso: a lógica tem de cuidar de si própria. Eis um conhecimento invulgarmente profundo e importante. [*Cf.* 5.473.]

Frege diz: toda a proposição bem formada deve ter um sentido, e eu digo: cada proposição possível está bem formada, e se não tiver nenhum sentido, então tal só pode residir no facto de não termos *dado* nenhum significado a algumas das suas componentes. Embora acreditemos tê-lo feito. [*Cf.* 5.4733.]

3. 9. 14

Como é compatível com a tarefa da filosofia o facto de a lógica dever cuidar de si própria? Se, por exemplo, indagamos: se tal e tal facto é da forma sujeito-predicado, então temos de saber o que se entende por «forma sujeito-predicado». Temos de saber *se* em geral há uma tal forma. Como o podemos saber? «Pelo sinal!» Mas como? Não temos nenhum *sinal* desta forma. Podemos, decerto, dizer: temos sinais que se comportam como os da forma sujeito-predicado, mas provará isso que devem existir factos desta forma? Isto é, se estes forem plenamente analisados? E, aqui, perguntar-se-á de novo: existe uma tal análise completa? *E se não*: qual é, então, a tarefa da filosofia?!!?

Podemos, pois, interrogar-nos: existirá a forma sujeito--predicado? Existe a forma da relação? Existirá sequer qualquer uma das formas, de que Russell e eu sempre falámos? (Russell diria: «Sim. Pois isso é evidente.» Ah!)

Portanto: se *tudo* o que precisa de ser mostrado se mostra através da existência das PROPOSIÇÕES de sujeito-predicado, etc., então a tarefa da filosofia é diferente da que eu originariamente supusera. Mas se assim não for, então o que falta teria de ser mostrado por meio de um género de experiência, e eu dava isso por excluído.

A obscuridade reside *manifestamente* nesta questão: em que consiste realmente a identidade lógica do sinal e da coisa designada! E esta questão é (*novamente*) um aspecto maior de todo o problema filosófico.

Seja dada uma questão da filosofia: por exemplo, se «A é bom» será uma proposição de sujeito-predicado; ou se «A é mais claro que B» será uma proposição relacional. *Como é que se pode decidir tal questão?* Que tipo de evidência me pode tranquilizar de que — *por exemplo* — a primeira questão deve receber uma resposta afirmativa? (Eis uma questão invulgarmente importante.) Será aqui, de novo, *o altamente suspeito «perspícuo»* a única evidência? Tomemos uma questão de todo semelhante, mas que é mais simples e mais fundamental; a saber: será um ponto, no nosso campo visual, um *objecto simples*, uma *coisa?* Até agora, sempre considerei tais questões como as genuínas questões filosóficas — e são-no também, num certo sentido — mas, mais uma vez, que evidência poderia decidir uma tal questão? Não há aqui um erro na abordagem da questão; pois *absolutamente nada* me parece óbvio acerca desta questão; parece-me que poderia dizer com determinação que estas questões nunca poderão ser de todo decididas.

4. 9. 14

Se a existência da *proposição* de sujeito-predicado não mostra tudo o necessário, então poderia mostrar apenas a existência de um qualquer facto particular daquela forma. E o conhecimento de semelhante facto pode não ser essencial para a lógica.

Imagine-se que tínhamos um sinal que fosse *realmente* da forma de sujeito-predicado: seria ele, de algum modo, mais adequado para a expressão de proposições de sujeito-predicado do que as nossas proposições de sujeito-predicado? Parece que não! Dever-se-á tal à relação de significação?

Se a lógica puder concluir-se sem a resposta a certas questões, então *deve sem elas* concluir-se.

A identidade lógica de sinal e designado consiste em não poder reconhecer-se nem mais nem menos no sinal do que na designação.

Se o sinal e a coisa designada, quanto ao seu conteúdo lógico completo, *não* fossem idênticos, então teria de haver algo mais fundamental do que a lógica.

5. 9. 14

$\phi(a)$. $\phi(b)$. aRb = Def ϕ[aRb]

Lembra-te de que as palavras «função», «argumento», «proposição», etc., não podem ocorrer na lógica.

Dizer de duas classes que elas não são idênticas significa alguma coisa. Dizer de duas coisas que elas não são idênticas nada diz; isto já mostra a inadmissibilidade da definição de Russell.

6. 9. 14

A última proposição nada mais é do que a antiquíssima objecção contra a identidade na matemática. A saber, se 2×2 fosse realmente *igual* a 4, esta proposição nada mais diria que a = a.

Poderia dizer-se: a lógica *não* concerne à analisabilidade das funções com que trabalha.

7. 9. 14

Lembra-te que mesmo uma proposição de sujeito-predicado não analisada afirma claramente algo *bem definido*.

Não se poderá dizer: tudo depende, não de termos de lidar com proposições de sujeito-predicado não analisáveis, mas do facto de as nossas proposições de sujeito-predicado se comportarem como aquele tipo de frases em *todos os* aspectos, ou seja, que a lógica das *nossas* proposições de sujeito-predicado seja a mesma que a lógica das outras. Cabe-nos completar a lógica, e a nossa objecção principal contra as proposições de sujeito-predicado não analisadas era a de não podermos estabelecer a sua sintaxe, enquanto não conhecermos a sua análise. Mas não deve a lógica de uma aparente proposição de sujeito-predicado ser como a lógica de uma real? Se é que é possível uma definição que dê a uma proposição a forma de sujeito-predicado...?

8. 9. 14

O «evidente», de que Russell tanto falou, só pode ser dispensável na lógica se a própria linguagem impedir todo o erro lógico. E é claro que esse «evidente» é e sempre foi totalmente ilusório [*Cf.* 5.4731.]

19. 9. 14

Uma proposição como «esta cadeira é castanha» parece dizer algo extremamente complicado, pois se quiséssemos pronunciar esta proposição de tal modo que ninguém pudesse contra ela levantar objecções — alegando a sua ambiguidade — ela teria de ser infinitamente longa.

20. 9. 14

Que a proposição é uma representação lógica do seu significado é evidente para o olho imparcial.

Haverá funções de factos? Por exemplo, «É melhor se isto for o caso do que se aquilo for o caso.»

Em que consiste, pois, a conexão entre o sinal p e os restantes sinais da proposição «É bom que p seja o caso»? Em que consiste esta conexão?

A pessoa imparcial dirá: evidentemente, na relação espacial da letra p com os dois sinais vizinhos. Mas se o facto «p» fosse tal que nele não contivesse coisa alguma?

«É bom *que* p» pode ser bem analisada em «p. é bom, *se* p».

Pressupomos: p NÃO *é o caso*: que significa, então, dizer «É bom que p»? Podemos, evidentemente, dizer que a situação p é boa, sem saber se «p» é verdadeiro ou falso.

A expressão gramatical: «Uma palavra reporta-se a outra» é aqui elucidada.

Trata-se, nos casos acima referidos, de indicar como se relacionam internamente as proposições. Como surge o *nexo proposicional.* [*Cf.* 4.221.]

Como pode uma função *referir-se a uma proposição*??? Sempre as primigénias questões!

Não se deixar sobrecarregar com questões; estar simplesmente à vontade.

«$\phi(\psi x)$»: suponhamos que nos é dada uma função de uma proposição de sujeito-predicado, e que queremos esclarecer o modo como a função se refere à proposição, e que dizemos: a função relaciona-se directamente com o sujeito da proposição de sujeito-predicado, e o que designa é o produto lógico desta relação e do sinal proposicional de sujeito-predicado. Ora, se dissermos isto, poderíamos perguntar: se podes esclarecer assim a proposição, por que não explicas, então, de modo análogo também o seu significado? É que «ela não seria a função de um facto de sujeito-predicado, mas o produto lógico de tal facto e de uma função do seu sujeito»? Não deverá valer a objecção que se aplica a esta explicação também contra aquela?

21. 9. 14

De repente, parece-me agora de alguma forma claro que a propriedade de um facto tem de ser sempre interna.

ϕa, ψb, aRb. Poderia dizer-se que o facto aRb tem determinada propriedade, se as duas primeiras proposições forem verdadeiras.

Quando digo: é bom que p seja o caso, então isto tem de ser bom *em si mesmo*.

Parece-me agora claro que não pode haver quaisquer funções de factos.

23. 9. 14

Poderia perguntar-se: como pode o facto p ter uma propriedade se, no fim de contas, não se comporta desse modo?

24. 9. 14

A questão de saber como é possível uma coordenação de relações é idêntica ao problema da verdade.

25. 9. 14

Pois isto é idêntico à questão de como é possível a coordenação de factos (de um designante e de um designado).

Ela só é possível através da coordenação das componentes; a coordenação de nomes e de nomeados oferece um exemplo. (E é claro que também tem lugar, de algum, a coordenação das relações.)

$$\mid \text{aRb} \mid \; ; \; \mid \text{a b} \mid \; ; \; \text{p = aRb Def}$$

Aqui, um sinal simples é coordenado com um facto.

26. 9. 14

Em que se funda a nossa — decerto bem fundamentada — confiança de que podemos exprimir todo e qualquer sentido na nossa escrita bidimensional?

27. 9. 14
Uma proposição pode exprimir o seu sentido apenas por ser a sua representação lógica!

É surpreendente a semelhança entre os sinais:
«aRb»
e «aσR . Rσb»

29. 9. 14
O conceito geral da proposição traz também consigo um conceito muito geral da coordenação de proposição e facto: a solução de todas as minhas questões tem de ser *extremamente* simples!

Na proposição constitui-se experimentalmente um mundo. [Como quando na sala de audiências em Paris se representa com bonecos um acidente automobilístico, etc.(¹)] [*Cf.* 4.031.]

Isto tem de resultar imediatamente (se eu não estivesse cego) na essência da verdade.

Pensemos na escrita hieroglífica, em que cada palavra representa o seu significado! Pensemos que também imagens *reais* de factos podem estar *certas* e *erradas*. [*Cf.* 4.016.]

« 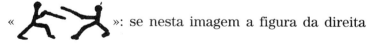 »: se nesta imagem a figura da direita representa o homem A, e a da esquerda designa o homem B, então o todo poderia, porventura, asserir: «A esgrime

---

(¹) Esta observação refere-se a um acontecimento que Wittgenstein narrou, mais tarde, a vários dos seus amigos. (Cf. G. H. von Wright, *Ludwig Wittgenstein, a Biographical Sketch* in *The Philosophical Review*, Vol. LXIV, 1955, págs. 532-533.) Contudo, a julgar pela data do presente manuscrito, este acontecimento não pode ter ocorrido numa trincheira da Frente Leste.

com B». A proposição em escrita pictórica pode ser verdadeira e falsa. Tem um sentido independente da sua verdade ou falsidade. Nela tem de se poder demonstrar todo o essencial.

Pode dizer-se que não temos a certeza de conseguirmos pôr no papel em imagens todos os factos; mas temos a certeza de poder representar todas as propriedades *lógicas* dos factos numa escrita bidimensional.

Estamos aqui ainda sempre muito à superfície, mas em terreno fértil.

30. 9. 14

Pode dizer-se que, na nossa imagem, a figura da direita representa algo, e também a da esquerda, *mas*, ainda que não fosse esse o caso, a sua posição recíproca poderia representar algo. (A saber, uma relação.)

Uma imagem pode veicular relações que não existem!!! Como é isso possível?

Agora, mais uma vez, parece que todas as relações têm de ser lógicas, para que a sua existência seja assim garantida pela do sinal.

2. 10. 14

O que une a e c em «aRb.bSc» não é o sinal «.», mas *a ocorrência da letra* «b» em ambas as proposições simples.

Podemos dizer imediatamente: em vez de, esta proposição tem este e este sentido: esta proposição representa esta e esta situação! [*Ver* 4.031.]

Ela representa-a logicamente.

Só assim *a proposição* pode ser verdadeira ou falsa: só sendo *a imagem* de um facto pode ela concordar ou não com a realidade. [*Cf.* 4.06.]

3. 10. 14

A proposição é a imagem de um facto *só na medida* em que é logicamente articulada. (Um sinal simples — não-articulado — não pode ser nem verdadeiro nem falso.) [*Cf.* 4.032.]

O *nome não* é uma imagem do nomeado!

A proposição *só afirma algo na medida* em que é *uma imagem*! [*Ver* 4.03.]

As tautologias não afirmam nada, não são imagens de factos: em si mesmas são, no plano lógico, perfeitamente neutras. (O produto lógico de uma tautologia e de uma proposição não afirma nem mais nem menos do que esta sozinha.) [*Cf.* 4.462 *e* 4.465.}

4. 10. 14

É claro que em «xRy» pode estar contido o elemento significante de uma relação, ainda que «x» e «y» nada designem. E, nesse caso, a relação é a única coisa que é significada naquele sinal.

Mas como é então([2]) possível que, num código, «quilo» signifique: «estou bem»? Aqui, um *simples sinal* afirma decerto algo, e é utilizado para comunicar algo aos outros!!——

Não pode, pois, a *palavra* «quilo», na significação anterior, ser verdadeira ou falsa?!

([2]) Refere-se à observação anterior.

5.10. 14

Em todo o caso, pode, sem dúvida, correlacionar-se um sinal simples com o sentido de uma proposição.——

Só a realidade interessa à lógica. Também as proposições SÓ interessam à lógica na medida em que são *imagens* da realidade.

Mas como PODE UMA *palavra* ser verdadeira ou falsa? Em todo o caso, não pode exprimir o *pensamento* que concorda ou não com a realidade. Este *tem de* ser articulado!

Uma palavra não pode ser verdadeira ou falsa *no* sentido de que não pode concordar com a realidade, ou o contrário.

6. 10. 14

O conceito geral de dois complexos dos quais um pode ser a imagem lógica do outro; portanto, num sentido assim *é*.

A concordância de dois complexos é evidentemente *interna* e, por isso, não pode ser expressa, mas apenas mostrada.

«p» é verdadeiro nada afirma além de p!
«'p' é verdadeiro» é — de acordo com o acima dito — apenas uma pseudoproposição, tal como aquelas conexões de sinais que aparentemente dizem algo que só pode ser mostrado.

7. 10. 14

Se for dada uma proposição ϕa, então são *já* também dadas com ela todas as suas funções lógicas ($\sim\phi a$, etc.)! [*Cf.* 5.442.]

8. 10. 14

A representação completa ou incompleta de um facto. (A função mais argumento são representados através da função mais argumento.)

A expressão «não mais decomponível» é também uma das que estão no Index, como «função», «coisa», etc.; mas como se *mostra* o que por ela se quer exprimir?

(Naturalmente, não se pode dizer nem de uma coisa nem de um complexo que eles não são ulteriormente decomponíveis.)

9. 10. 14

Se houvesse uma coordenação directa de relações, então a pergunta seria: como se coordenam entre si as coisas que estão nestas relações? Haverá uma coordenação directa de relações, sem consideração pelo seu *sentido*?

Estaremos a ser induzidos em erro pressupondo «relações entre relações» através da analogia aparente entre as expressões:

«relações entre coisas»

e «relações entre relações»?

Cometo algures em todas estas reflexões algum ERRO FUNDAMENTAL.

A questão da possibilidade de proposições existenciais não reside no meio, mas no próprio início da lógica.

Todos os problemas que o «Axioma do Infinito» acarreta devem já estar solucionados na proposição «$(\exists x)x=x$»! [*Cf.* 5.535.]

10. 10. 14

Frequentemente, faz-se uma observação e só depois se vê *como* ela é verdadeira.

11. 10. 14

A nossa dificuldade reside agora no facto de que, segundo consta, a analisabilidade, ou o seu oposto, não é reflectida na linguagem. Ou seja: *não* podemos, assim parece, deduzir somente da linguagem se, por exemplo, há ou não factos de sujeito-predicado reais. Mas como PODERÍAMOS *exprimir* estes factos ou o seu oposto? *Isto deve ser mostrado!*

Mas imaginemos que não nos preocupávamos de todo com a questão da decomponibilidade? (Trabalharíamos então com sinais que nada designam, mas apenas *ajudam* a expressar graças às suas propriedades lógicas.) Pois mesmo a proposição não decomposta espelha propriedades lógicas do seu significado. Portanto, como se disséssemos: que uma proposição é ulteriormente decomponível mostra-se se a decompusermos mais ainda através de definições, e trabalharmos com ela como se fosse não analisável.

Lembra-te de que as «proposições acerca de quantidades *infinitas*» são todas representadas com sinais *finitos*!

Mas não precisaremos — pelo menos de acordo com o método de Frege — de cem milhões de sinais para definir o número 100 000 000? (Não é aqui importante se ele é aplicado a classes ou coisas?)

As proposições que lidam com números infinitos podem, como *todas* as proposições da lógica, obter-se mediante o cálculo dos próprios sinais (pois, aos sinais primitivos originais em momento algum é acrescentado um elemento estranho), portanto, os sinais, também aqui, têm de ter todas as propriedades lógicas do representado.

12. 10. 14

O facto trivial de uma proposição completamente analisada conter outros tantos nomes como a sua referência contém coisas; este facto é um exemplo da representação universal do mundo através da linguagem.

Haveria agora que investigar com maior exactidão, por uma vez, as definições de números cardinais, a fim de compreender o sentido intrínseco de proposições como o «Axioma do Infinito».

13. 10. 14

A lógica cuida de si própria; temos apenas de ver como ela o faz. [*Cf.* 5.473.]

Consideremos a proposição: «Não há nenhuma classe só com um membro». Ou, o que dá no mesmo, a proposição:

$$(\exists\phi){:}.(\exists x){:}\phi x{:}\phi y.\phi z \supset_{y,z} .y = z$$

Em «$(\exists x)$ $x = x$» pode discernir-se que é uma tautologia, pois não poderia sequer escrever-se se fosse falsa, mas aqui! *Esta* proposição pode ser investigada em vez do «Axioma do Infinito»!

Eu sei que as proposições seguintes, tal como estão, são absurdas: poderá falar-se de números, se só há coisas? Se, portanto, o mundo consistisse apenas numa coisa e em nada mais, poderia dizer-se que havia UMA coisa? Russell provavelmente diria: se há uma coisa, então existe também a função $(\exists x)$ $\hat{\xi} = x$. Mas!———

Se esta função não o faz, então só se pode falar de 1, se existir uma função material, que é satisfeita apenas por um argumento.

Como se passa com proposições como:

$$(\exists\phi).(\exists x).\phi(x)$$
$$\text{e } (\exists\phi).(\exists x).\sim\phi(x)$$

É uma delas uma tautologia? São elas proposições de uma ciência, isto é, serão, de facto, *proposições*?

Lembremo-nos, porém, de que são as *variáveis*, e *não* o sinal de generalidade, que caracterizam a lógica!

14. 10. 14

Haverá, pois, uma ciência das proposições integralmente generalizadas? Tal parece altamente improvável.

Isto é claro: se houver *proposições* inteiramente generalizadas, então o seu sentido já não depende da formação arbitrária de sinais! Mas, então, semelhante ligação de sinais pode representar o mundo só pelas suas propriedades lógicas, isto é, pode não ser falsa e não ser verdadeira. Portanto, não há *proposições* completamente generalizadas. Mas agora a aplicação!

Sejam as proposições: «$(\exists\phi,x).\phi x$»
«$\sim(\exists\phi,x).\phi x$»

Qual delas é tautológica, qual é contraditória?

Surge constantemente a necessidade de um arranjo comparativo de proposições que estejam em relações internas. Este livro poderia conter diagramas.

(A tautologia *mostra* o que parece *dizer*, a contradição mostra *o oposto* do que parece dizer.)

É claro que todos nós podemos formar, em geral, proposições possíveis inteiramente gerais, mal nos seja dada *uma linguagem.* E, por isso, dificilmente se acredita que tais conexões de sinais tenham realmente de articular algo acerca do mundo. — Mas, por outro lado, esta transição gradual de uma proposição elementar para a completamente geral!!

Pode dizer-se: as proposições inteiramente gerais podem todas formar-se *a priori.*

15. 10. 14

Parece, contudo, que a mera existência das formas contidas em «($\exists$x,ϕ).ϕx» *não* poderia *por si só* determinar a verdade ou a falsidade desta proposição! Não parece, portanto, *impensável* que, por exemplo, não seja verdadeira a negação da proposição elementar. Mas não afecta já esta afirmação o SENTIDO *da negação?*

Podemos, claro está, conceber cada proposição inteiramente geral como a afirmação ou a negação da existência de qualquer espécie de factos. Mas não se verifica isto com todas as proposições?

Cada conexão de sinais, que parece dizer algo sobre o seu próprio sentido, é uma pseudoproposição (como todas as proposições da lógica).

A proposição deve prefigurar um modelo lógico de uma situação. Mas só o consegue porque os objectos foram arbitrariamente coordenados com os seus elementos. Se tal não for o caso numa proposição totalmente geral, então é difícil discernir como deve ela representar algo além de si mesma.

Na proposição dispomos — por assim dizer — *experimentalmente* as coisas, mas como elas *não* precisam de se comportar na realidade; não podemos, porém, compor algo *ilógico*, pois, para isso, deveríamos, na linguagem, conseguir sair da lógica. — Se a proposição inteiramente geral contiver *apenas* «constantes *lógicas*», então nada mais pode ser para nós do que — simplesmente — uma estrutura lógica, e nada mais pode fazer do que mostrar-nos as suas próprias propriedades lógicas. — Se houver proposições totalmente gerais — *que* dispomos experimentalmente nelas? [*Cf.* 4.031 *e* 3.03.]

Se alguém se atemoriza perante a verdade (como eu agora), nunca pressente a *plena* verdade.

Considerei aqui as relações dos elementos da proposição com os seus significados como antenas, digamos assim, pelas quais a proposição está em contacto com o mundo exterior; e a generalização de uma proposição assemelha-se, nesses caso, ao recolhimento da antena; até que, por fim, a proposição inteiramente geral está completamente isolada. Mas será correcta esta imagem? (Recolho, de facto, uma antena, quando digo $(\exists x).\phi x$ em vez de ϕa? [*Cf.* 2.1515.]

16. 10. 14

Parece, no entanto, que precisamente as próprias razões que aleguei para mostrar que «$(\exists x,\phi).\phi x$» não *podia* ser falsa se pronunciam a favor de «$\sim (\exists x,\phi).\phi x$» não poder ser falsa; e aqui revela-se um erro fundamental. Pois é impossível discernir por que é que justamente a primeira proposição, e não a segunda, tem de ser uma tautologia. Não esqueças, porém, que também a contradição «$p.\sim p$» etc., etc., não pode ser verdadeira e, contudo, é uma forma lógica.

Supondo que nenhuma negação de uma proposição elementar é verdadeira, «negação» não terá, neste caso, um sentido diferente do do caso oposto?

«$(\exists\phi){:}(x).\phi x$» — desta proposição afigura-se quase certo que ela não é nem uma tautologia nem uma contradição. Aqui, o problema agudiza-se de um modo inaudito.

17. 10. 14

Se houver proposições totalmente gerais, então é como se tais proposições fossem combinações experimentais de «constantes lógicas»(!)

Não se poderá, porém, descrever plenamente o mundo inteiro com proposições totalmente gerais? (O problema revela-se inesperadamente de todos os lados.)

Sim, poderia descrever-se plenamente o mundo com proposições totalmente gerais, portanto, sem usar qualquer tipo de nome ou outros sinais denotativos. E para chegar à linguagem comum, seria apenas preciso apresentar nomes, etc., dizendo, após um «$(\exists x)$», «e este x é A» e assim por diante. [*Cf.* 5.526.]

Pode, portanto, projectar-se uma imagem do mundo sem dizer o que é que representa o quê.

Suponhamos, por exemplo, que o mundo consistia nas coisas A e B e na propriedade F, e que F(A) seria o caso e não F(B). Poderíamos também descrever o mundo com as seguintes proposições:

$$(\exists x,y).(\exists\phi).x \neq y.\phi x. \sim \phi y{:}\phi u.\phi z. \supset_{u,z}.u = z$$
$$(\exists\phi).(\psi).\psi = \phi$$
$$(\exists x,y).(z).z = x \text{ v } z = y$$

E aqui precisa-se também de proposições da espécie das duas últimas, a fim de podermos identificar os objectos.

De tudo isto se segue naturalmente que *há proposições totalmente gerais*!

Mas não é suficiente a primeira proposição acima proposta: $(\exists x,y,\phi)\phi x.\sim\phi y.x \neq y)$? A dificuldade da identificação pode ser eliminada através da descrição do mundo inteiro *numa* proposição geral, que começa: «$(\exists x,y,z\ldots\phi,\psi\ldots R,S\ldots)$» e então segue-se um produto lógico, etc.

Se dissermos «ϕ é uma função de unidade e $(x).\phi x$», isso equivale a dizer: «há apenas uma coisa»! (Contornámos assim *aparentemente* a proposição «$(\exists x)(y).y = x$».)

18. 10. 14

O meu erro reside manifestamente numa falsa concepção da representação lógica pela proposição.

Um enunciado pode não dizer respeito à estrutura lógica do mundo, pois para uma asserção ser sequer possível, para uma proposição PODER ter SENTIDO, deve já o mundo ter a estrutura lógica que precisamente tem. A lógica do mundo é prévia a toda a verdade e falsidade.

Dito *de passagem*: antes de qualquer proposição ter em geral sentido, devem as constantes *lógicas* ter referência([3]).

19. 10. 14

A descrição do mundo através de proposições só é possível pelo facto de o que é designado não ser o seu próprio sinal! Aplicação—.

Elucidação da pergunta de Kant «Como é possível a matemática pura?» mediante a teoria das tautologias!

([3]) O tradutor da edição inglesa chama a atenção para o facto de Wittgenstein, na altura da redacção destas notas, se encontrar sob a influência de G. Frege no emprego dos termos «Sinn» ('sentido') e «Bedeutung» ('referência' ou 'significado, na acepção de uma palavra ou proposição *estar em vez de,* pelo que há um grande contraste entre as suas ideias nesta fase e as do *Tractatus*, no qual nega que as contantes ou proposições lógicas tenham «Bedeutung». (Adaptação da nota do tradutor da edição inglesa — *N. do E.*)

É óbvio que se deve poder descrever a estrutura do mundo sem *mencionar* quaisquer *nomes*. [*Cf.* 5.526.]

20. 10. 14

A proposição deve permitir-nos ver a estrutura lógica da situação que a torna verdadeira ou falsa. [Como uma imagem deve mostrar a relação espacial em que as coisas têm de estar representadas, se a imagem for correcta (verdadeira).]

Poderia denominar-se a forma de uma imagem aquilo em que a imagem DEVE concordar com a realidade (para em geral a poder figurar). [*Cf.* 2.17 e 2.18.]

A primeira coisa que a teoria da representação lógica mediante a linguagem dá são informações sobre a essência da relação de verdade.

A teoria da figuração lógica mediante a linguagem diz — de modo inteiramente geral: para ser possível que uma proposição seja verdadeira ou falsa — que concorde ou não com a realidade — deve algo, na proposição, ser *idêntico* à realidade. [*Cf.* 2.18.]

O que é negado em «$\sim$ p» não é o «$\sim$» antes do «p», mas aquilo que é comum a todos os sinais que, nesta notação com «$\sim$ p», têm igual significado; portanto, o elemento comum de

$$\sim p$$
$$\sim \sim \sim p$$
$$\sim pv \sim p$$
$$\sim p. \sim p$$
etc. etc.

} e o mesmo se verifica com a notação de generalidade, etc. [*Cf.* 5.512.]

Pseudoproposições são aquelas que, quando analisadas, deveriam *dizer* o que, todavia, apenas *mostram*.

O sentimento de que a proposição descreve um complexo à maneira das descrições de Russell justifica-se agora: a proposição descreve o complexo através das suas propriedades lógicas.

A proposição constrói um mundo com o auxílio dos seus andaimes lógicos e, por isso, pode também ver-se na proposição como tudo o que é lógico se comportaria, se ela fosse verdadeira: podemos *tirar conclusões* a partir de uma proposição falsa, etc. (Posso assim ver que se «$(x,\phi).\phi x$» for verdadeira, então esta proposição estaria em contradição com a proposição «ψa».) [*Cf.* 4.023.]

Que se possa inferir proposições materiais de proposições inteiramente gerais — que estas possam estar em relações internas *com significado* — mostra que as proposições totalmente gerais são construções lógicas de factos.

21. 10. 14

Não será a definição de zero de Russell absurda? Poderá sequer falar-se de uma classe $\hat{x}(x \neq x)$? — Poderá, também, falar-se de uma classe $\hat{x}(x = x)$? Será, então, $x \neq x$ ou $x = x$ uma função de x? — Não deverá o zero ser definido pela *hipótese* $(\exists\phi):(x)\sim\phi x$? E algo análogo se verificaria com todos os outros números. Ora isto lança luz sobre toda a questão da existência de quantidades de coisas.

$o = \hat{a}\{(\exists\phi):(x) \sim \phi x.a = \hat{u}(\phi u)\}$ Def.
$1 = \hat{a}\{(\exists\phi)::(\exists x).\phi x:\phi y.\phi z \supset_{y,z} y = z:a = \hat{u}(\phi u)\}$ Def.

[Poderia evitar-se o sinal de igualdade no colchete curvo, se se escrevesse

$o = \widehat{\hat{u}\ (\phi u)}\ \{(x) \sim \phi x\}.\ (^4)]$

$(^4)$ Ler-se-á: a classe de todas as classes de elementos u, para os quais ϕu, para os quais nenhum elemento é ϕ.

A proposição tem de *conter* (e, deste modo, mostrar) *a possibilidade da sua verdade* (e assim mostrar). Mas não mais do que a *possibilidade*. [*Cf.* 2.203, 3.02 e 3.13.]

Segundo a minha definição de classes, $(x). \sim \hat{x}(\phi)$ é a asserção de que $x(\phi x)$ é zero, e a definição do zero neste caso é $0 = \hat{a}[(x). \sim a]$ Def.

Eu pensava que a possibilidade de verdade da proposição ϕa estivesse ligada ao facto $(\exists x, \phi). \phi x$. Mas não se percebe por que é que ϕa só deve então ser possível se existir uma outra proposição da mesma forma. ϕa certamente não precisa de qualquer precedente. (Suponhamos, pois, que havia apenas as duas proposições elementares «ϕa» e «ψa», e que «ϕa» era falsa: por que é que esta proposição devia ter apenas um sentido, se «ψa» é verdadeira?!)

22. 10. 14

Na proposição, algo tem de ser idêntico à sua referência, mas a proposição não pode ser idêntica à sua referência, portanto, algo nela terá de *não* ser idêntico à sua referência. (A proposição é uma forma com os traços lógicos do representado e ainda com outros traços, mas estes serão· arbitrários e diferentes em diferentes linguagens de sinais.) Tem de haver, portanto, diferentes formas com os mesmos traços lógicos; o representado será um destes, e tratar-se-á, no representado, de distinguir este das outras formas com os mesmos traços lógicos (de outro modo, a representação não seria clara). Esta parte da representação (a atribuição de nomes) deve, então, ocorrer mediante determinações arbitrárias. Toda a proposição tem, por conseguinte, de conter traços com referências arbitrariamente determinadas.

Se se tentar aplicar isto às proposições totalmente gerais, parece haver aí algum erro fundamental.

A generalidade da proposição inteiramente geral é a aleatoriedade. Trata de todas as coisas que aleatoriamente existem. E, por isso, ela é uma proposição material.

23. 10. 14

Por um lado, a minha teoria da representação lógica parece a única possível; por outro, parece haver nela uma contradição irresolúvel!

Se a proposição totalmente geral não está completamente desmaterializada, então uma proposição não se desmaterializa através da generalização, como eu julgava.

Quer eu afirme algo de determinada coisa ou de todas as coisas que existem, a afirmação é igualmente material.

«Todas as coisas», isto é, por assim dizer, uma descrição em vez de «a e b e c».

Que aconteceria se os nossos sinais fossem tão indeterminados como o mundo que espelham?

Para reconhecer o sinal no sinal, há que atender ao uso. [*Cf.* 3.326.]

Se quiséssemos exprimir o que expressamos através de «(x).ϕx», antepondo um índice a «ϕx», por exemplo «Gen. ϕx», não seria suficiente (não saberíamos o que foi generalizado).

Se o quiséssemos indicar por meio de um índice em «x», por exemplo «ϕ x$_G$)», também não seria suficiente (não conheceríamos assim o âmbito da generalidade).

Se tal quiséssemos tentar, inserindo uma marca nas lacunas dos pontos do argumento, por exemplo «(G,G).ψ (G,G)», não seria suficiente (não poderíamos determinar a identidade das variáveis).

31

Todos estes modos de representação são inadequados, *pois não têm as propriedades lógicas necessárias.* Todos essas conexões de sinais não conseguem figurar o sentido desejado — no modo sugerido. [*Cf.* 4.0411.]

24. 10. 14

Para se poder fazer uma asserção em geral, temos — em certo sentido — de saber como as coisas se passam, se a asserção for verdadeira (e é isto o que justamente representamos). [*Cf.* 4.024.9]

A proposição *exprime* o que eu não sei; mas o que tenho de saber, para em geral o conseguir dizer, nela *o mostro.*

A definição é uma tautologia e mostra relações internas entre ambos os seus membros!

25. 10. 14

Mas por que é que nunca investigas um sinal individual específico para saber como é ele uma representação lógica?

A proposição perfeitamente analisada deve representar a sua referência.

Poder-se-ia também dizer que a nossa dificuldade surge em virtude de a proposição totalmente universal não parecer ser complexa. —
Aparentemente, não consiste, como todas as outras proposições, em componentes arbitrariamente significativas, que estão unidas numa forma lógica. Parece não TER qualquer forma, mas ser ela própria uma forma fechada em si mesma.

Nas constantes lógicas, nunca é preciso perguntar pela sua existência, pois podem também *esvanecer-se!*

Por que não deve «$\phi(\hat{x})$» representar como (x).ϕx é? Não depende isso *apenas* de *como* — de que modo — aquele sinal representa algo?

Suponhamos que eu queria representar quatro pares de homens a lutar; não poderia fazê-lo representando só um e dizendo: «É este o aspecto dos outros quatro»? (Graças a esta conclusão, determino o modo da representação.) (Analogamente, represento (x).ϕx por «$\phi(\hat{x})$».)

Mas lembra-te de que não há relações internas hipotéticas. Se for dada uma estrutura e uma relação estrutural com ela, então deve haver outra estrutura que tem aquela relação com a primeira. (Tal é inerente à essência das relações estruturais.)
E isto está a favor da justeza da observação acima feita: ela não se torna assim — uma escapatória.

26. 10. 14

Parece, portanto, que a *identidade* lógica dos sinais e dos representados não seria necessária, mas apenas *uma* relação interna, *lógica*, entre ambos. (A subsistência de tal relação inclui, em certo sentido, a subsistência de um tipo de identidade mais fundamental — interna.)

Trata-se, de facto, apenas de o elemento lógico do designado ser só plenamente determinado através do elemento lógico do sinal e do modo de designação. Poder-se-ia dizer: sinal e modo de designação têm de ser *em conjunto* logicamente idênticos ao designado.

O sentido da proposição é o que ela representa. [*Cf.* 2.221.]

27. 10. 14

«x = y» *não* é uma forma proposicional. (Consequências.)

Evidentemente, «aRa» teria a mesma referência que «aRb.a = b». Pode, pois, fazer-se desaparecer a pseudoproposição «a = b» mediante uma notação totalmente analisada. A melhor prova da justeza da observação acima efectuada.

A dificuldade da minha teoria da figuração lógica era encontrar uma conexão entre os sinais no papel e um estado de coisas lá fora no mundo.

Eu disse sempre que a verdade é uma relação entre a proposição e o facto, mas nunca consegui descobrir tal relação.

A representação do mundo mediante proposições totalmente gerais poderia denominar-se a representação impessoal do mundo.

Como tem lugar a representação impessoal do mundo?

A proposição é um modelo da realidade, como a imaginamos. (*Ver* 4.01.)

28. 10. 14

O que a pseudoproposição «há n coisas» quer exprimir mostra-se na linguagem através da presença de n nomes próprios com uma referência distinta. (Etc.)

O que as proposições totalmente gerais descrevem são, em certo sentido, propriedades estruturais do mundo. Estas proposições, todavia, podem ainda ser verdadeiras ou falsas. Mas seja qual for *o sentido que tenham*, o mundo continua a ter sempre aquele âmbito.

Finalmente, a verdade ou falsidade de *cada* proposição altera a *estrutura* geral do mundo. E o âmbito, que é deixado à sua estrutura pela TOTALIDADE de todas as proposições elementares, é justamente aquele que as proposições totalmente gerais delimitam. [*Cf.* 5.5262.]

29. 10. 14

Se, pois, uma proposição elementar é verdadeira, então é, de qualquer modo, *mais* uma proposição elementar verdadeira, e vice-versa. [*Ver* 5.5262]

Para que uma proposição seja verdadeira, deve, antes de mais, *poder* ser verdadeira, e só isso concerne à lógica.

A proposição tem de mostrar o que quer dizer. — Tem de se reportar à sua referência tal como uma descrição ao seu objecto.
Mas a forma lógica do facto não se pode descrever. — [*Cf.* 4.12 e 4.121.]

A relação interna entre a proposição e a sua referência, o modo de designação — é o sistema de coordenadas que figura o facto na proposição. A proposição corresponde às coordenadas fundamentais.

Poderíamos conceber duas coordenadas a_F e b_P como uma proposição que declara que o ponto material P se encontra no lugar (ab). E para que esta asserção seja possível, as coordenadas a e b têm, portanto, de determinar realmente um lugar. Para que uma asserção seja possível as coordenadas lógicas devem determinar realmente um lugar lógico!

(O objecto de que tratam as proposições gerais é, de facto, o mundo; que nelas ingressa mediante uma descrição lógica. — E é por isso que o mundo não ocorre nelas, tal como também o objecto da descrição não ocorre nesta.)

Que, em certo sentido, a forma lógica de p tenha de estar presente, embora p não seja o caso, mostra-se simbolicamente através da ocorrência de «p» em «$\sim$ p».

A dificuldade é a esta: como pode existir a forma de p, se não há nenhum estado de coisas desta forma? E em que consiste realmente esta forma?!

Não há *proposições* analíticas.

30. 10. 14

Poder-se-ia dizer: em «$\sim \phi(x)$» representa «$\phi(x)$» o modo como as coisas *não* se passam?

Numa imagem poderíamos também representar um facto negativo, ao representar o que *não* é o caso.

Mas se admitimos este método de representação, o que é, então, realmente característico da relação do *representar*?

Não se poderia dizer: há precisamente diferentes sistemas de coordenadas lógicas!

Há justamente diferentes modos de representação, inclusive através da imagem, e o representante não é apenas o sinal ou a imagem, mas também o método da representação. *A toda a apresentação é comum que ela possa concordar ou não concordar, ser verdadeira ou falsa.*

Assim, a imagem *e o modo de apresentação* são totalmente exteriores ao representado!

Ambos são conjuntamente verdadeiros ou falsos, a saber, *a imagem, de um modo específico*. (Isto vale, naturalmente, também para as proposições elementares!)

Toda a proposição pode ser negada. E tal mostra que «verdadeiro» e «falso» significam o mesmo para todas as proposições. (Isto é da maior importância.) (Em oposição a Russell.)

A referência da proposição deve, através *dela e do seu modo de representação*, estar fixada em sim ou não. [*Cf.* 4.023.]

Na lógica não há justaposição, não pode haver nenhuma classificação! [*Cf.* 5.454.]

31. 10. 14

Uma proposição como «(∃x,φ).φx» é tão bem complexa como uma mais elementar; isto mostra-se no facto de termos de mencionar *especificamente* entre aspas «φ» e «x». Ambos estão — independentemente — em relações designativas com o mundo, tal como no caso de uma proposição elementar «ψ(a)» [*Cf.* 5.5261.]

Não será assim: as constantes lógicas caracterizam o modo de representação das formas elementares da proposição?

A referência da proposição deve, por meio *dela e do seu modo de representação*, estar fixada em sim ou não. Para tal, tem de ser por ela inteiramente descrita. [*Cf.* 4.023.]

O modo de representação *não* figura; só a proposição é imagem.

O modo de representação determina como a realidade se deve comparar com a imagem.

Acima de tudo, a forma da proposição elementar deve figurar, toda a figuração ocorre através dela.

1. 11. 14

É muito óbvia a confusão entre a relação representadora da proposição com a sua referência e a relação de verdade. Aquela é distinta para proposições distintas, esta é uma e a mesma para todas as proposições.

Parece que «(x,ϕ).ϕx» seria a forma de um facto ϕa.ψb.θc etc. (Analogamente seria ($\exists$x).ϕx a forma de ϕa, como eu realmente acreditava.)

E aqui deve precisamente estar o meu erro.

Examina a proposição elementar: qual é, pois, a forma de «ϕa» e como se relaciona ela com «$\sim \phi$(a)»?

Aquele caso precedente, a que sempre nos deveríamos reportar, tem de residir já no próprio sinal. [*Cf.* 5.525.]

A forma lógica da proposição tem já de estar dada pelas formas das suas componentes. (E estas têm a ver somente com o *sentido* das proposições, não com a sua verdade e falsidade.)

Na forma do sujeito e do predicado reside já a possibilidade da proposição de sujeito-predicado, etc.; mas — quão justamente — nada acerca da sua verdade ou falsidade.

A imagem tem a relação que tem com a realidade. E o importante é: como deve ela representar. A mesma imagem concordará ou não concordará com a realidade consoante a forma como deve representar.

Analogia entre proposição e descrição: *o complexo que* é congruente com este sinal. (Tal como na representação gráfica.)

Só que não se pode justamente *dizer*, este complexo é congruente (ou quejandos) com aquele, mas tal mostra-se. E daí que a descrição assuma um carácter diferente. [*Cf.* 4.023.]

O método da figuração tem de estar plenamente determinado antes de se poder comparar a realidade com a proposição, a fim de ver se ela é verdadeira ou falsa. O método da comparação tem de me ser dado, antes de eu poder comparar.

Há que mostrar se uma proposição é verdadeira ou falsa. Temos de saber de antemão *como* tal se mostrará.

Pode mostrar-se que duas pessoas não estão a lutar quando as representamos sem luta, e também quando as representamos a lutar e dizemos que a imagem mostra como as coisas *não* se estão a passar. *Poder-se-ia* representar tanto com factos negativos como com factos positivos —. Queremos, porém, investigar apenas os princípios da representação *em geral.*

A proposição «'p' é verdadeiro» tem um significado igual ao produto lógico de 'p' e de uma proposição «'p'» que descreve a proposição 'p', e de uma coordenação das componentes de ambas as proposições. — As relações internas de proposição e referência são figuradas pelas relações internas entre 'p' e «'p'». (Observação má.)

Não nos enredarmos em questões parciais, mas sim fugir sempre para onde se tem um olhar abrangente, livre, sobre o *único* grande problema integral, mesmo que tal olhar não seja ainda claro!

«Um estado de coisas é pensável» («imaginável») quer dizer: podemos dele fazer uma imagem. [3.001.]

A proposição deve determinar um lugar lógico.
A existência deste lugar lógico só está garantida pela existência das componentes, pela existência da proposição com sentido.
Imagine-se que não há nenhum complexo no lugar lógico, há, todavia, um: não no lugar lógico. [*Cf.* 3.4.]

2. 11. 14

Na tautologia cancelam-se mutuamente as condições de concordância com o mundo (as condições de verdade) — as relações representadoras —, de modo que ela não está em nenhuma relação representadora com a realidade (nada diz). [*Cf.* 4.462.]

a = a não é uma tautologia no mesmo sentido que p ⊃ p.

Que uma proposição seja verdadeira não consiste no facto de ela ter uma relação *determinada* com a realidade, mas em *ter* realmente com ela uma determinada relação.

Não se passam assim as coisas: a proposição falsa tem, como a verdadeira e independentemente da sua verdade ou falsidade, um sentido, mas nenhuma referência? (Não existe aqui um uso melhor da palavra «referência»?)

Se pudéssemos dizer: logo que me sejam dados o sujeito e o predicado, é-me dada então uma relação que *existirá* ou não *existirá* entre uma proposição de sujeito-predicado e a sua referência. Logo que conheça sujeito e predicado, posso igualmente saber daquela relação que, também para o caso de a proposição de sujeito-predicado ser falsa, é uma pressuposição inevitável.

3. 11. 14

Para que possa haver uma situação negativa, tem de existir a imagem da positiva. [*Cf.* 5.5151.]

O conhecimento da relação representadora *deve* fundamentar-se apenas no conhecimento das componentes da situação!

Poder-se-ia, então, dizer: o conhecimento da proposição de sujeito-predicado e do sujeito e do predicado faculta-nos o conhecimento de uma relação interna, etc.?

Também isto não é, em rigor, correcto, pois não precisamos de conhecer um determinado sujeito ou predicado.

É *evidente* que sentimos a proposição elementar como a imagem de um estado de coisas. — Como é isso? [*Cf.* 4.012.]

Não deve a possibilidade da relação de representação ser dada pela *própria* proposição?

A *própria* proposição separa o que com ela é congruente do não congruente.

Por exemplo: se, pois, é dada a proposição, e a congruência, então a proposição é verdadeira se o estado de coisas FOR com ela congruente; ou se são dadas a proposição e a não congruência, então a proposição é verdadeira se a situação não for com ela congruente.

Mas como nos é dada a congruência ou a não congruência ou coisas do género?

Como me pode ser *comunicado como* é que a proposição representa? Ou tal não me pode sequer ser *dito*? E se assim é, posso eu «*sabê*-lo»? Se houvesse de me ser dito, então tal teria de acontecer mediante uma proposição; mas esta só o poderia mostrar.

O que se pode dizer pode ser-me dito através de uma proposição, portanto, nada se pode dizer que seja necessário para a compreensão de *todas* as proposições.

Aquela coordenação arbitrária de sinal e de designado que condiciona a possibilidade das proposições, e que faz falta nas proposições totalmente gerais, sobrevém aí através da designação de generalidade, tal como na proposição elementar ocorre através dos nomes (pois a designação de generalidade não pertence à *imagem*). Daí também a sensaçåo constante de que a generalidade surge inteiramente como um argumento. [*Cf.* 5.523.]

Só se pode negar uma proposição acabada. [O mesmo se verifica com todas as funções-ab (⁵).] [*Cf.* 4.064 e 4.0641.]

A proposição é a imagem lógica de uma situação.

A negação reporta-se ao sentido *acabado* da proposição negada, e não ao seu modo de representação. [*Cf.* 4.064 e 4.0641.]

Se uma imagem apresenta o-que-não-é-o-caso no modo há pouco mencionado, então isso só acontece mediante a apresentação *daquilo* que não *é* o caso.
Pois a imagem como que diz: «*não é assim*», e à pergunta «*como* não é?» a resposta é justamente a proposição positiva.

Poder-se-ia dizer: a negação refere-se já ao lugar lógico, que a proposição negada determina. [*Ver* 4.0641.]

Simplesmente, não perder o fundamente firme em que se esteve!

A proposição que nega determina *outro* lugar lógico diferente daquele da proposição negada. [*Ver* 4.0641.]

A proposição negada traça não só a linha de fronteira entre o domínio negado e o resto, mas também aponta já para o domínio negado.

A proposição que nega determina o seu lugar lógico com auxílio do lugar lógico da proposição negada. Pois descreve aquela como residindo no exterior desta. [*Ver* 4.0641.]

(⁵) As funções-ab são funções de verdade. Ver Apêndice I.

A proposição é verdadeira, quando existe o que ela representa.

4. 11. 14

Como determina a proposição o lugar lógico?

Como representa a imagem uma situação?

Ela não é, todavia, a própria situação, posto que esta de nenhum modo necessita ser o caso.

Um nome representa uma coisa, um outro uma outra coisa e eles próprios estão ligados; assim, o todo representa — como um quadro vivo — uma situação. [*Cf.* 4.0311.]

Tem de ser possível a conexão lógica entre as coisas representadas, e tal será sempre o caso, se as coisas estiverem realmente representadas. Atenção: aquela conexão não é uma relação, mas somente a *existência* de uma relação.

5. 11. 14

Assim, a proposição representa a situação como que por conta própria.

Mas se eu disser: a conexão das componentes da proposição tem de ser possível para as coisas representadas: não reside aqui todo o problema!? Como pode ser possível uma ligação inexistente entre objectos?

«A conexão tem de ser logicamente possível» quer dizer: a proposição e as componentes da situação devem estar numa relação determinada.

Portanto, para que uma proposição represente uma situação, só é necessário que as suas componentes representem as da situação e que aquelas estejam para estas numa conexão possível.

O sinal proposicional garante a possibilidade do facto que representa (não que este facto seja realmente o caso) — isso vale também para as proposições gerais.

Pois se for dado o facto positivo ϕa, então também está dada a *possibilidade* de (x).ϕx, $\sim$($\exists$x).ϕx, $\sim\phi$a, etc., etc. (Todas as constantes lógicas estão já contidas na proposição elementar) [*Cf.* 5.47.]

Assim surge a imagem.—

Para designar um lugar lógico com a imagem, temos de lhe estabelecer um modo de designação (o positivo, negativo, etc.)

Poder-se-ia mostrar, por exemplo, através de bonecos a esgrimir, como *não* se deveria esgrimir.

6. 11. 14

E o caso é aqui tal e qual como em $\sim\phi$a, embora a imagem trate do que não *deve* acontecer, em vez do que não acontece.

Que se possa negar novamente a proposição negada, mostra que aquilo que é negado é já uma proposição, e não apenas a preparação para uma proposição. [*Ver* 4.0641.[

Poder-se-ia dizer: aqui está a imagem, mas não se pode dizer se ela é conforme ou não, antes de se saber aquilo que assim se dizer?

Ora a imagem deve novamente projectar a sua sombra no mundo.

7. 11. 14

O lugar espacial e o lógico concordam no facto de ambos serem a possibilidade de uma existência. [*Cf.* 3.411.]

8. 11. 14

Aquilo que se pode, através da experimentação, confirmar nas proposições sobre a probabilidade, não pode ser matemática! [*Cf.* 5.154.]

Proposições probabilísticas são excertos de leis científicas. [*Cf.* 5.156.]

São generalizações e exprimem um conhecimento incompleto daquelas leis. [*Cf.* 5.156.]

Se eu, por exemplo, tirar de uma urna bolas pretas e brancas, não posso dizer, antes de retirar uma bola, se tirarei uma bola branca ou preta, pois não conheço suficientemente as leis da natureza; mas *sei*, todavia, que, no caso de haver tantas bolas pretas como brancas, o número das pretas extraídas se aproximará do das brancas por extracção continuada, *portanto*, conheço as leis da natureza *tanto* quanto para tal basta. [*Cf.* 5.154.]

9. 11. 14

Ora o que conheço nas proposições de probabilidade são certas propriedades gerais das proposições não generalizadas da ciência natural, como, por exemplo, a sua simetria em certas relações, a sua assimetria noutras, etc. [*Cf.* 5.156.]

Imagens enigmáticas e a visão de situações. [*Cf.* 5.5423.]

Era o que eu gostaria de chamar o meu forte sentimento escolástico — que foi a causa das minhas melhores descobertas.

«Não p» e «p» contradizem-se reciprocamente, as duas não podem ser verdadeiras; mas posso pronunciar ambas, *existem ambas as imagens*. Estão uma ao lado da outra.

Ou antes «p» e «∼ p» são como uma imagem e o plano infinito exterior a esta imagem (o lugar lógico).

Só posso construir o espaço infinito exterior com o auxílio da imagem, quando mediante esta o limito.

10. 11. 14

Quando afirmo «p é possível», quer isso dizer que «'p' tem um sentido»? Será essa proposição sobre linguagem, de modo que a existência de um sinal da proposição («p») é essencial para o seu sentido? (Então ela seria de todo irrelevante.) Mas não quer ela antes dizer o que «pv∼ p» mostra?

Não corresponde o meu estudo da linguagem dos sinais ao estudo do processo de pensamento, que os filósofos sempre consideraram tão essencial à filosofia da lógica? — Só que se enredaram sempre em investigações psicológicas não essenciais; e existe também um perigo análogo no meu método. [*Ver* 4.1121.]

11. 11. 14

Dado que «a = b» não é uma proposição, e «x = y» não é uma função, então uma «classe x̂ (x = x)» é um absurdo, tal e qual como a pretensa classe zero. (De resto, tinha-se já sempre a sensação, em toda a parte onde nos socorríamos da construção proposicional com x = x, a = a, etc., de que, em todos esses casos, se tratava de um desenvencilhar-se por meio de um embuste; assim, quando se dizia «a existe» significa «(∃x)x=a».)

Isto é errado: pois a própria definição das classes garante a existência das funções reais.

Quando, aparentemente, afirmo uma função da classe zero, estou a dizer então que esta função é verdadeira de todas as funções que são nulas — e também só posso dizer isto se *nenhuma* função for nula.

É x ≠ x. ≡$_{x.}$ ϕx idêntica a
(x).∼ϕx? Certamente!

A proposição indica a possibilidade de que isso se comporta assim e assado.

12. 11. 14

A negação é *uma descrição*, no mesmo sentido que a própria proposição elementar.

A verdade de uma proposição poderia chamar-se possível, certa a de uma tautologia, e impossível a de uma contradição. Aqui, surge já o indício de uma gradação que nos é necessária no cálculo de probabilidades. [*Cf.* 4.464.]

Na tautologia, a proposição elementar figura sempre, evidentemente, mas está tão frouxamente conexa com a realidade que esta tem uma liberdade irrestrita. A contradição, por seu turno, coloca tais constrições que nelas não pode existir realidade alguma.

É como se as constantes lógicas projectassem na realidade a imagem da proposição elementar — que pode então estar conforme, ou não, com esta projecção.

Embora já todas as constantes lógicas ocorram na proposição simples, *tem*, contudo, de nela ocorrer também, total e íntegra, a sua peculiar imagem originária!

Não é, porventura, a proposição simples a imagem, mas antes a sua imagem originária, que nela deve ocorrer?

Esta imagem originária não é, pois, uma proposição, (mas tem a forma de uma proposição) e ela poderia corresponder à «suposição» de Frege.

A proposição consistiria, então, em *imagens originárias*, que seriam projectadas no mundo.

Neste trabalho, mais do que em qualquer outro, vale a pena abordar questões, tidas já por solucionadas, sempre de lados novos, como se estivessem por resolver.

14. 11. 14

Pense-se na representação de factos *negativos* por meio de modelos: dois comboios não podem estar de tal e tal modo sobre os carris. A proposição, a imagem, o modelo são — em sentido negativo — como um corpo rígido que limita a liberdade de movimento de outrem, no sentido positivo, como o espaço limitado por uma substância sólida, onde um corpo tem lugar. [*Cf.* 4.463.]

Esta representação é *muito* nítida e deveria levar à solução.

15. 11. 14

Projecção da imagem na realidade

(O método de Maxwell dos modelos mecânicos.)

Simplesmente, não se preocupar com o que já se escreveu! Pensar sempre, começando de novo, como se ainda nada tivesse acontecido!

Aquela sombra que a imagem, por assim dizer, projecta no mundo: como é que, exactamente, a devo compreender?

Há aqui um mistério profundo.

É o mistério da negação: as coisas não se passam assim e, contudo, podemos dizer *como não* se passam.

A proposição é justamente a *descrição* de uma situação. (Mas isso é tudo ainda à superfície.) [*Cf.* 4.023.]

Uma ideia ao início vale mais do que muitas algures a meio.

16. 11. 14

A introdução do sinal «0» para tornar possível a notação decimal: o significado lógico deste procedimento.

17. 11. 14

Supondo que «ϕa» é verdadeira : que significa dizer que $\sim\phi$a é possível?

(ϕa tem exactamente o mesmo significado que $\sim(\sim\phi$a).)

18. 11. 14

Trata-se sempre apenas da existência do lugar lógico. Mas — diacho! — que é este «lugar lógico»!?

19. 11. 14

A proposição e as coordenadas lógicas: eis o lugar lógico. [*Cf.* 3.41.]

20. 11. 14

A realidade, que corresponde ao sentido da proposição, nada mais pode ser além das suas componentes, pois não *conhecemos tudo* o mais.

Se a realidade consistir ainda em algo diferente, então este, de qualquer modo, já não pode ser nem designado nem expresso, pois, no primeiro caso, seria ainda uma componente, no segundo, a expressão seria uma proposição para a qual subsistiria o mesmo problema, como para o originário.

21. 11. 14

Que sei eu, em rigor, quando compreendo o sentido de «ϕa», mas não sei se é verdadeira ou falsa? Não sei então mais do que apenas ϕa v$\sim\phi$a; e tal quer dizer que nada *sei*.

Posto que as realidades que correspondem ao sentido da proposição são apenas as suas componentes, então as coordenadas lógicas só podem também referir-se a estas.

22. 11. 14

Tento, nesta fase, exprimir novamente algo que não se pode exprimir.

23. 11. 14

Embora a proposição possa indicar apenas um lugar do espaço lógico, deve, contudo, estar dado por meio dela *já* todo o espaço lógico. — De outro modo, seriam sempre introduzidos *novos* elementos pela negação, pela disjunção, etc. — e até na coordenação — o que, naturalmente, não deve acontecer. [*Cf.* 3.42.]

24. 11. 14

Proposição e situação relacionam-se entre si como o metro com o comprimento a medir.

Que da *proposição* «ϕa» se possa inferir a *proposição* «(x).ϕx» mostra como a generalidade está também presente no *sinal* «(x).ϕx».

E o mesmo se verifica, naturalmente, com toda a designação de generalidade.

Na proposição, aplicamos uma imagem primigénia à realidade.

(Na investigação dos factos negativos, uma e outra vez nos sucede como se eles pressupusessem a existência do sinal proposicional.)

Deve o sinal da proposição negativa ser construído com o sinal da positiva? (Penso que sim!)

Por que é que não se deveria poder exprimir a proposição negativa através de um facto negativo!? É como se, em vez do metro, se tomasse o espaço exterior ao metro como objecto de comparação. [*Cf.* 5.5151.]

Como é que a *proposição* «∼p» contradiz realmente a *proposição* «p»? As relações internas de ambos os sinais têm de significar contradição.

É claro que após toda a proposição negativa se pode perguntar: *que* é que *não* é o caso? Mas a resposta é, por sua vez, apenas uma proposição. (Observação incompleta.)

25. 11. 14

Aquele facto negativo que serve de sinal pode muito bem, todavia, subsistir sem uma proposição que, por seu turno, o exprime.

Na inquirição destes problemas, uma e outra vez sucede como se eles já estivessem solucionados, e esta ilusão deriva do facto de os problemas, muitas vezes, desaparecerem totalmente da nossa vista.

Que $\sim\phi a$ seja o caso, só posso divisá-lo mediante a observação de $\phi\hat{x}$ e de a.

A questão aqui é: será o facto positivo primário e o negativo secundário, ou estão ambos no mesmo nível? E se assim for, que se passa, então, com os factos pvq, p ⊃ q etc., estão estes no mesmo nível que ∼p? Mas, então, não *devem todos os factos* estar no mesmo nível? A questão é, em rigor, esta: haverá factos além dos positivos? (É difícil, sem dúvida, não confundir o que não é o caso com o que, em vez disso, *é* o caso.)

É, de facto, claro que todas as funções-ab são apenas outros tantos métodos de mensuração da realidade. — E os métodos de mensuração por meio de p e $\sim$p têm decerto algo de particular sobre todos os outros.—

É o *dualismo*, factos positivos e negativos, que não me deixa descansado. Não pode existir semelhante dualismo. Mas como escapar-lhe?

Tudo isso se resolveria por si mediante a compreensão da natureza da proposição!

26. 11. 14

Se acerca de uma coisa estiverem feitas todas as asserções positivas, não o estarão também já todas as negativas? E tudo depende disso!

O receado dualismo de positivo e negativo não existe, pois $(x).\phi x$, etc., etc., não são positivas nem negativas.

Embora a proposição positiva não *tenha* de ocorrer na negativa, não deve, em todo o caso, a imagem originária da proposição positiva ocorrer na negativa?

Ao fazermos uma distinção — e, decerto, em qualquer notação possível — entre $\sim$aRb e $\sim$bRa, pressupomos em cada notação uma determinada coordenação de argumento e de posição do argumento na proposição negativa; tal correlação constitui o protótipo da proposição positiva negada.

Não será, pois, aquela coordenação das componentes da proposição, com a qual nada ainda é *dito*, a imagem genuína na proposição?

Não assentará a minha obscuridade na incompreensão da essência das relações?

Pode, pois, negar-se uma *imagem*? Não. E aí reside a diferença entre imagem e proposição. A imagem pode servir de proposição. Mas então advém-lhe algo que faz que ela *diga* algo. Em suma: só posso negar que a imagem está correcta, mas não posso negar a *imagem*.

Ao eu correlacionar componentes da imagem com objectos, representa-se então uma situação que está certa ou errada. (Por exemplo, uma imagem representa o interior de um quarto, etc.)

27. 11. 14

«∼p» é verdadeiro, quando p for falso. Portanto, na proposição verdadeira «∼p», parte é uma proposição falsa. Como pode o símbolo «∼» levar à concordância com a realidade? Já dissemos, claro, que não é o símbolo «∼» isoladamente, mas tudo o que é comum aos diversos sinais de negação. E o que é comum a todos estes deve manifestamente provir do significado da própria negação. E assim tem de se espelhar no sinal de negação a sua própria referência. [*Cf.* 5.512.]

28. 11. 14

A negação combina-se com as funções-ab da proposição elementar. E as funções lógicas da proposição elementar devem, justamente como todas as outras, reflectir a sua referência.

29. 11. 14

A função-ab não permanece estática *perante* a proposição elementar, mas penetra-a.

O que *pode* ser mostrado não se pode dizer. [4.1212.]

Creio que se poderia excluir da nossa notação o sinal de igualdade e indicar a igualdade só através da igualdade dos sinais (e vice-versa). $\phi(a,a)$ não seria, decerto, um caso especial de $(x, y).\phi(x, y)$ e ϕa também o não seria de $(\exists x,y).\phi x.\phi y$! Mas, então, em vez de $\phi x.\phi y \supset_{x,y} x = y$, poderia escrever-se simplesmente $\sim(\exists x, y).\phi x.\phi y$. [*Cf.* 5.53 e 5.533.]

Graças a esta notação, a pseudoproposição $(x)x = a$ ou semelhantes perdem toda a aparência de justificação. [*Cf.* 5.534.]

1. 12. 14

A proposição como que diz: esta imagem não pode (ou pode) deste modo apresentar uma situação.

2. 12. 14

Importa, sim, estabelecer o que distingue a proposição da mera imagem.

4. 12. 14

Consideremos, por exemplo, a igualdade $\sim\sim p = p$: esta determina, com outras, o sinal para p, pois indica haver algo que «p» e «$\sim\sim p$» têm em comum. Aquele sinal recebe assim propriedades que reflectem o facto de a dupla negação ser uma afirmação.

5. 12. 14

Como é que «$pv \sim p$» nada diz?

6. 12. 14

A mecânica newtoniana conduz a descrição do mundo a uma forma unitária. Pensemos numa superfície branca, em que houvesse manchas pretas irregulares. Dizemos então: seja qual for o tipo de imagem que surja deste modo, poderei sempre aproximar-me à vontade da sua descrição, cobrindo a superfície com uma rede quadrada adequadamente fina e dizendo de cada quadrado que ele é branco ou preto. Terei assim levado a descrição desta superfície a uma forma unitária. Esta forma é arbitrária, pois eu teria podido empregar, com o mesmo êxito, uma rede triangular ou hexagonal. Pode ser que a descrição se tornasse mais simples com o auxílio de uma rede triangular, isto é, que pudéssemos descrever a superfície com uma rede triangular mais grosseira de modo mais exacto do que com uma rede quadrada mais fina (ou vice-versa), etc. A diferentes redes correspondem diferentes sistemas de descrição do mundo. A mecânica determina a forma da descrição do mundo, quando diz: todas as proposições da descrição do mundo se devem obter de um dado modo numa quantidade de proposições dadas — os axiomas da mecânica. Ela fornece assim os tijolos para a construção do edifício científico e diz: seja qual for o edifício que pretendas erguer, tens de o construir de qualquer modo com estes, e só com estes, tijolos.

Assim como deve ser possível, com o sistema numérico, escrever qualquer quantidade arbitrária, também se poderá escrever, com o sistema da mecânica, qualquer proposição arbitrária da física.

[6.341.]

E aqui vemos, então, a posição recíproca da lógica e da mecânica.

(Poderia também admitir-se que a rede consiste em figuras distintas.)

Que uma imagem, como a há pouco mencionada, se possa descrever mediante uma rede de determinada forma, nada assere acerca da imagem (pois isto vale para todas essas imagens). Isso caracteriza, porém, a imagem que se deixa descrever por uma determinada rede de *determinada* finura. De igual modo, nada diz acerca do mundo que ele se deixe descrever pela mecânica newtoniana; mas, sim, que ele se deixa descrever por esta, como justamente é o caso. (Já há *muito* eu o sentia). — Também isto diz algo acerca do mundo, que ele pode ser descrito mais simplesmente por uma mecânica do que por outra. [*Cf.* 6.342.]

A mecânica é *uma* tentativa de construir todas as proposições de que necessitamos para a descrição do mundo segundo *um* plano. (As massas invisíveis de Hertz.) [*Cf.* 6.343.]

As massas invisíveis de Hertz são, *segundo ele próprio confessou*, objectos aparentes.

7. 12. 14

As constantes lógicas da proposição são as condições da sua verdade.

8. 12. 14

Por detrás dos nossos pensamentos, verdadeiros e falsos, há sempre um fundamento obscuro que só mais tarde trazemos à luz e podemos formular como um pensamento.

12. 12. 14

p. Taut = p; quer dizer, Taut nada diz! [*Cf.* 4.465.]

13. 12. 14

Esgotará a essência da negação o facto de ela ser uma operação que se anula a si própria? Então χ teria de significar a negação, se $\chi\chi p=p$, no pressuposto de que $\chi p \neq p$.

Uma coisa é certa, de acordo com estas duas equações, χ já não pode expressar a afirmação!

E não mostrará a capacidade que estas operações têm de desaparecer que elas são lógicas?

15. 12. 14

É evidente que, se pudermos introduzir seja o que for como sinal escrito das funções-ab, o sinal genuíno formar-se-á automaticamente. E que propriedades se formarão por si a partir daqui?

O andaime lógico em redor da imagem (da proposição) determina o espaço lógico. [*Cf.* 3.42.]

A proposição tem de abranger todo o espaço lógico. [*Cf.* 3.42.]

17. 12. 14

Os sinais das funções-ab não são materiais; de outro modo não poderiam esvanecer-se. [Cf. 5.44 e 5.441.]

18. 12. 14

No genuíno sinal da proposição tem de haver justamente tanto para distinguir quanto para distinguir existe na situação. Nisso consiste a sua identidade. [*Cf.* 4.04.]

20. 12. 14

Em «p» não há mais nem menos para reconhecer do que em «∼ p».

Como é que uma situação pode concordar com «p» e não concordar com «∼ p»?

Também se poderia perguntar: se, com o fito de me fazer compreender por outrem, eu quisesse inventar *a linguagem*, que tipo de regras teria de combinar com ele acerca da nossa expressão?

23. 12. 14

Exemplo característico para a minha teoria do significado da descrição física da natureza: as duas teorias do calor, numa concebido como matéria, e noutra como movimento.

25. 12. 14

A proposição diz algo, é idêntica a: ela tem uma determinada relação com a realidade, *o que quer que esta possa ser*. E se esta *realidade* é dada, e também aquela relação, então conhece-se o sentido da proposição. «pvq» tem uma relação com a realidade diferente de «p.q», etc.

A possibilidade da proposição baseia-se, naturalmente, no princípio da SUBSTITUIÇÃO de objectos por sinais. [*Cf.* 4.0312.]

Na proposição temos, portanto, a substituição de algo por *algo mais*.
Mas também o meio de ligação *comum*.

O meu pensamento fundamental é que as constantes lógicas não substituem; que a *lógica* do facto não se *deixa* substituir. [*Ver* 4.0312.]

29. 12. 14
Na proposição, o nome substitui o objecto. [3.22.]

11. 1. 15
Uma vara de metro não diz que um objecto a medir tem um metro de comprimento.
Nem mesmo se soubermos que ela deve servir para a mensuração deste objecto *determinado*.

Não se poderia perguntar: o que é que se deve acrescentar àquela vara de metro, para que *afirme* algo acerca do comprimento do objecto?

(A vara de metro sem este aditamento seria a «suposição».)

15. 1. 15
O sinal proposicional «pvq» é correcto quando p é o caso, quando q é o caso e quando ambos são o caso; de outro modo não se ajusta: isto parece ser infinitamente simples; e *tão* simples será a solução.

16. 1. 15
A proposição está correlacionada com uma situação hipotética.

Esta situação é dada através de uma descrição.

A proposição é a descrição de uma situação. [*Ver* 4.023.]

Assim como a descrição de um objecto se faz segundo as suas propriedades externas, também a proposição descreve os factos segundo as suas propriedades internas. [*Ver* 4.023.]

A descrição é correcta, se o objecto tiver as propriedades mencionadas: a proposição é correcta, se a situação tiver as propriedades internas indicadas pela proposição.

17. 1. 15

A situação p.q *insere-se* na proposição «pvq».

Sobre a analogia da rede em física: apesar de as manchas serem figuras geométricas, a geometria não nos pode dizer absolutamente nada acerca da sua forma e situação. Mas a rede é *puramente* geométrica, todas as suas propriedades podem ser indicadas *a priori*. [*Ver* 6.35.]

18. 1. 15

A comparação entre proposição e descrição é puramente lógica e *tem*, por isso, *de* se levar mais além.

20. 1. 15

Como é que *todos* é um conceito lógico?

Como é que *todos* é um conceito de forma?

Como é que *todos* pode ocorrer em qualquer proposição? Pois isso é o característico do conceito de forma!

Todos PARECE estar mais próximo do conteúdo da proposição do que da forma.

Todos: coisas, Todos: funções, Todos: relações: tudo se passa com se Todos fosse um *elo* de ligação entre o conceito de coisa, de função, etc., e a coisa individual, a função individual.

A generalidade está essencialmente ligada à FORMA-elementar.

A palavra-chave — ?!

21. 1. 15

A transição da consideração geral da forma proposicional: *infinitamente difícil, fabulosa.*

22. 1. 15

Toda a minha tarefa consiste em esclarecer a essência da proposição.

Quer dizer, indicar a natureza de todos os factos cuja imagem *é* a proposição.

Indicar a natureza de todo o ser.

(E aqui Ser não significa existir — seria então absurdo.)

23. 1. 15

A negação é uma operação. [*Cf.* 5.2341.]

Uma operação designa uma operação.

A palavra é uma sonda; algumas vão muito fundo; outras só a pouca profundidade.

Uma operação, naturalmente, nada diz; só o seu resultado; e este depende do seu objecto. [*Cf.* 5.25.]

As pseudofunções lógicas *são* operações.

Só as operações podem esvanecer-se! [*Cf.* 5.254.]

A proposição negativa exclui a realidade.

Como pode uma lógica abrangente, que espelha o mundo, utilizar colchetes e manipulações tão especiais?! Só na medida em que tudo isso se associa numa rede *infinitamente* fina para formar uma grande espelho! [5.511.]

25. 1. 15

Também se pode dizer: $\sim$ p é falsa, se p for verdadeira.

29. 1. 15

A linguagem é articulada. [*Cf.* 3.141.]

7. 2. 15

Os temas musicais são, em certo sentido, proposições. O conhecimento da natureza da lógica levará, por isso, ao conhecimento da essência da música.

14. 2. 15

Se houvesse objectos matemáticos — constantes lógicas — então a proposição «eu como cinco ameixas» seria uma proposição da matemática. E ela nem sequer é uma proposição da matemática aplicada.

A proposição tem de descrever *inteiramente* a sua referência. [*Cf.* 4.023.]

4. 3. 15

A melodia é uma espécie de tautologia, é fechada em si mesma; satisfaz-se a si mesma.

5. 3. 15

A humanidade sempre suspeitou de que tem de haver um âmbito de questões em que residem as respostas simétricas e unidas — *a priori* — numa figura fechada e regular. [*Ver* 5.4541.]

(Quanto mais antiga é uma palavra, tanto mais fundo ela vai.)

6. 3. 15

Os problemas da negação, da disjunção, do verdadeiro e falso — são apenas imagens especulares do único e grande problema, nos diferentes espelhos, grandes e pequenos, da filosofia.

7. 3. 15

Assim como $\sim \xi$, $\sim \xi v \sim \xi$ etc., são a mesma função, também $\sim \eta v \eta, \eta \supset \eta$, é a mesma função — a saber, tautológica. Como as outras, também ela pode ser investigada — e talvez com vantagem.

8. 1. 15

A minha dificuldade é apenas uma — enorme — dificuldade de expressão.

18. 1. 15

É claro que a investigação mais rigorosa do sinal proposicional não pode suscitar o que declara — mas sim o que *pode* declarar.

27. 3. 15

A imagem pode substituir uma descrição.

29. 3. 15

A lei da causalidade não é uma lei, mas a forma de *uma* lei. [*Cf.* 6.32.]

«Lei da causalidade» é um nome classificativo. E tal como na mecânica — dizemos nós — tem de haver leis do mínimo — por exemplo, a da menor acção — também na física há UMA lei da causalidade, uma lei da forma da causalidade. [*Cf.* 6.321.]

Tal como os homens tinham uma suspeita de que deveria haver uma «lei da menor acção», antes de saberem com precisão em que consistia.

(Aqui, como tantas vezes acontece, o apriorístico revela-se como algo puramente lógico.) [*Cf.* 6.3211.]

3. 4. 15

A proposição é uma medida do mundo.

Isto é a imagem de um processo e não está correcto. Como pode, então, ser ainda a imagem daquele processo?

Que «a» *possa* substituir a, e que «b» *possa* substituir b, quando «a» estiver na relação «R» com «b» — eis em que consiste justamente a relação interna POTENCIAL que demandamos.

5. 4. 15

A proposição não é uma mistura de palavras. [*Ver* 3.141.]

11. 4. 15

Também a melodia não é uma mistura de sons, como pensam todas as pessoas sem educação musical. [*Cf.* 3.141.]

12. 4. 15

Não posso transitar da natureza da proposição para as operações lógicas individuais!!!

15. 4. 15

Nem sequer posso dizer até que ponto a proposição é a *imagem* do estado de coisas!

Estou prestes a desistir de todos os esforços. —— ——

16. 4. 15

A descrição é também, por assim dizer, uma operação cuja base é o seu meio auxiliar, e cujo resultado é o objecto descrito.

O sinal «não» é a classe de todos os sinais que negam.

17. 4. 15

O universo subjectivo.

Em vez de na proposição efectuarmos as operações lógicas nas suas proposições parciais, podemos com estas também correlacionar *marcas* e operar com elas. Então, com *uma* formação proposicional está coordenada do modo mais complicado uma constelação de marcas.

(aRb, cSd, ϕe) ((pvq).r: $\supset$: q.r. $\equiv$. pvr)
   p   q   r

18. 4. 15

A transição de p para $\sim$ p *não* é característica da operação de negação. (A melhor prova: ela conduz também de $\sim$p a p.)——————.

19. 4. 15

O que na linguagem se espelha não o posso com ela exprimir. [*Cf.* 4.121.]

23. 4. 15

Não acreditamos *a priori* numa lei da conservação, mas *conhecemos a priori* a possibilidade da sua forma lógica. [6.33.]

Todas as proposições conhecidas *a priori*, como o princípio da razão, da continuidade na natureza, etc., etc., são todas elas intelecções *a priori* referentes aos modos possíveis de formar as proposições da ciência. [*Cf.* 6.34.]

«O Princípio de Occam» não é, *naturalmente*, uma regra arbitrária ou justificada pelo seu êxito prático. Assere que unidades de sinais desnecessárias nada significam. [*Ver* 5.47321.]

É claro que os sinais que cumprem o mesmo propósito são logicamente idênticos. O puramente lógico *é* o que *todos* estes podem realizar. [*Cf.* 5.47321.]

24. 4. 15

Na lógica (matemática) o processo e o resultado têm o mesmo valor. (Nenhuma surpresa a tal respeito.) [6.1261.]

25. 4. 15

A linguagem está em relações *internas* com o mundo; é por isso que *ela* e estas relações determinam a possibilidade lógica dos factos.

Se tivermos um sinal inteiramente significativo, ele tem então de estar numa determinada relação interna com uma estrutura. Sinal e relação determinam claramente a forma lógica do designado.

Mas não poderá uma qualquer coisa assim chamada estar correlacionada, de um e mesmo modo, com qualquer outra? É totalmente claro, por exemplo, que — sentimos e — utilizamos as palavras da linguagem como unidades logicamente equivalentes entre si.

Aparentemente, é como se houvesse algo que se *poderia considerar como coisa* e, *por outro lado*, coisas simples reais.

É claro: nem um risco de lápis, nem um barco a vapor são simples: existe realmente entre ambos uma equivalência lógica?

«Leis» como o princípio da razão, etc., lidam com a rede, não com aquilo que a rede descreve. [*Ver* 6.35.]

26. 4. 15

As proposições usuais devem obter o seu cunho simples através da generalidade.

Temos de saber *como* é que a linguagem cuida de si própria.

A proposição que trata do «complexo» está numa relação mais interna com a proposição de cuja componente se ocupa. [*Ver* 3.24.]

27. 4. 15

A liberdade da vontade consiste em que os acontecimentos futuros não *podem* agora ser SABIDOS. Só os poderíamos conhecer se a causalidade fosse uma necessidade INTERNA — porventura, como a da inferência lógica. — A conexão entre saber e sabido é *a* da necessidade lógica. [*Ver* 5.1362.]

Não preciso de me preocupar com a linguagem.

A não-conformidade é semelhante à não-identidade.

28. 4. 15

A operação da negação não consiste na anteposição de $\sim$, mas na classe de todas as operações que negam.

Mas então quais são, em rigor, as reais propriedades desta ideal operação negadora?

Como se mostra que duas asserções são compatíveis?
Se se puser p em vez de q em pvq, então a asserção torna-se p!

Pertencerá também o sinal p.q àqueles que afirmam p? — Será p um dos sinais para pvq?

Poder-se-á dizer o seguinte?: todos os sinais que *não* afirmam p, *não* são afirmados por p e *não* contêm p como tautologia ou contradição — todos estes sinais negam p.

29. 4. 15

Quer isto dizer: todos os sinais que estão dependentes de p e que não afirmam p nem são afirmados por p.

30. 4. 15

Naturalmente, a ocorrência de uma *operação*, só por si, nada pode dizer!

p é afirmado por todas as proposições das quais se segue. [5.124.]

Toda a proposição que contradiz p nega p. [*Ver* 5.1241.]

1. 5. 15

Que p.∼p seja uma contradição mostra que ∼ p contradiz p. [*Ver.* 6.1201.]

O cepticismo *não* é irrefutável, mas *manifestamente absurdo*, quando pretende duvidar onde nada se pode perguntar. [*Ver* 6.51.]

Pois só pode haver dúvida onde existe uma questão; só pode haver uma questão onde existe uma resposta, e esta só existe quando algo se *pode dizer*. [*Ver* 6.51.]

Todas as teorias que dizem: «As coisas *têm de* se passar assim, de outro modo não poderíamos filosofar» ou «então não poderíamos viver», etc., devem, evidentemente, desaparecer.

O meu método não é separar o duro do mole, mas ver a dureza do mole.

A principal arte do filósofo é não se ocupar com questões que em nada lhe dizem respeito.

O método de Russell no seu «Scientific Method in Philosophy» é apenas um retrocesso do método da física.

2. 5. 15

A classe de todos os sinais que asserem tanto p como q é o sinal para p.q. A classe de todos os sinais que afirmam p ou q é a proposição «pvq». [*Cf*. 5.513.]

3. 5. 15

Não se pode dizer que tanto a tautologia como a contradição *nada* dizem no sentido de que ambas são, porventura, zero na escala das proposições. Pois são, pelo menos, pólos *opostos*.

Poderemos dizer: duas proposições são entre si opostas quando não há nenhum sinal que as afirme a ambas — o que, na verdade, quer dizer: quando não têm nenhum membro comum? [*Cf*. 5.1241.]

Imaginamos assim as proposições como classes de sinais — as proposições «p» e «q» têm o membro «p.q» em comum — e duas proposições são entre si opostas, quando são totalmente exteriores uma à outra. [*Cf*. 5.513.]

4. 5. 15

A chamada lei da indução não pode ser, de qualquer modo, uma lei lógica, pois é manifestamente uma proposição. [*Ver* 6.31.]

A classe de todas as proposições da forma Fx é a proposição (x) ϕx.

5. 5. 15

Existirá a forma geral da proposição?
Sim, se por tal se entender a simples «constante lógica»!
[*Cf.* 5.47.]

A pergunta — «Há coisas simples?» — parece sempre ter um sentido. E, no entanto, esta pergunta tem de ser absurda! —

6. 5. 15

Em vão nos esforçaríamos por exprimir em sinais da notação simbólica a pseudoproposição «Haverá coisas simples?»

Mas é claro que tenho diante de mim um conceito de coisa, de correlação simples, quando penso neste assunto.
Mas como imagino o simples? Apenas posso aqui dizer «'x' tem significado». — Eis um grande enigma!

Como exemplos do simples penso sempre em pontos do campo visual. (tal como partes do campo visual pairam sempre diante de mim como «objectos compósitos»).

7. 5. 15

Será a complexidade espacial também uma complexidade lógica? De facto, parece que sim!

Mas em que consiste, por exemplo, uma parte do meu campo visual uniformemente colorida? Em *minima sensibilia*? Como é que se deveria então determinar o lugar de cada um deles?

Mesmo que as proposições por nós utilizadas contivessem todas as generalizações, as imagens originárias das componentes dos seus casos especiais tinham, porém, de nelas ocorrer. Portanto, continua de pé a questão de como chegamos àquelas.

8. 5. 15

Que não haja nenhum sinal de uma determinada proto-imagem não mostra que essa proto-imagem não esteja presente. A cópia em signos linguísticos não acontece assim: um *sinal* de uma proto-imagem representa um *objecto* da mesma proto-imagem. O sinal e a relação interna com o designado determinam a imagem originária deste; tal como as coordenadas fundamentais e as ordenadas determinam os pontos de uma figura.

9. 5. 15

Uma questão: poderemos passar sem objectos simples na LÓGICA?

Manifestamente são possíveis proposições que não contenham quaisquer sinais simples, isto é, sinais que não tenham uma referência directa. E estas são realmente *proposições* que têm sentido, e não é necessário que nelas se encontrem também as definições das suas componentes.

É, porém, claro que as componentes das nossas proposições podem ser decompostas, e têm de o ser, se nos quisermos aproximar da verdadeira estrutura da proposição. *Em todo o caso, pois, há um processo de análise.* E não se poderá agora perguntar se este processo terá fim? E se sim: que fim será?

Se é verdade que todo o sinal definido designa mediante as suas definições, então presumivelmente a cadeia das definições deve em qualquer altura ter um fim. [*Cf.* 3.261.]

A proposição decomposta diz mais do que a proposição não decomposta.

A análise torna a proposição mais complicada do que era, mas não pode e não deve torná-la mais complicada do que inicialmente era o seu significado.

Se a proposição for tão complexa como a sua referência, então está *inteiramente* decomposta.

Mas a referência das nossas proposições não é muito complicada.

A proposição é a imagem do facto. Posso projectar diferentes imagens de um facto. (Para tal servem-me as operações lógicas.) Mas o característico do *facto* nestas imagens será o mesmo e não dependerá de mim.

Com a classe de sinais da proposição «p» está já dada a classe «$\sim$ p», etc., etc. Como, aliás, deve ser.

Mas tal não pressupõe já que nos foi dada a classe de todas as proposições? E como é que *lá* chegamos?

11. 5. 15

Será a soma lógica de duas tautologias uma tautologia no primeiro sentido? Existe realmente a dualidade: tautologia — contradição?

O mais simples para nós É: o mais simples que conhecemos.— O mais simples para o qual a nossa análise pode conseguir — necessita apenas, como proto-imagem, de aparecer nas nossas proposições como variável — *isto* é o simples a que nos referimos e que procuramos.

12. 5. 15

O conceito geral da representação e *o* das coordenadas.

Supondo que a expressão «$\sim (\exists x)x=x$» fosse uma proposição, a saber, a seguinte — «Não há coisas» —, seria de estranhar muito que, para exprimirmos em símbolos esta proposição, tivéssemos de usar uma relação (=) da qual nela, em rigor, não se fala.

13. 5. 15

Singular manipulação lógica, a *personificação* do *tempo*!

Não apertar o nó antes de se estar seguro de ter apanhado a ponta correcta.

Poderemos considerar uma parte do espaço uma coisa? Em certo sentido, fazemo-lo manifestamente sempre que falamos de coisas espaciais.

É que parece — pelo menos, tanto quanto agora consigo perceber — que não se resolve o assunto com a eliminação dos nomes mediante definições: os objectos espaciais complexos, por exemplo, parecem-me ser, em algum sentido, essencialmente coisas — vejo-os, por assim dizer, como coisas. — E a sua designação por meio de nomes parece ser mais do que um mero truque linguístico. Os objectos espacialmente complexos, nomeadamente, surgem realmente — assim parece — como coisas.

Mas que significa tudo isto?

Designamos, para já, de modo inteiramente instintivo, esses objectos através de nomes.——

A linguagem é parte do nosso organismo, e não menos complicada do que este. [*Cf.* 4.002.]

O velho problema de complexo e facto.

15. 5. 15

A teoria do complexo exprime-se em proposições como esta: «Se uma proposição for verdadeira, então existe Algo»; parece haver uma diferença entre o facto que a proposição expressa: a está na relação R com b, e o complexo: *a na relação* R *com b*, que é justamente aquilo que «existe» se a proposição for verdadeira. É como se, aparentemente, pudéssemos *designar* este Algo, e aliás com um autêntico «sinal composto». — Os sentimentos que se exprimem nestas proposições são perfeitamente naturais e sem qualquer artifício; tem de lhes estar subjacente uma verdade. Mas qual?

O que depende da minha vida?

Pelo menos é claro que um complexo só pode ser dado através da sua descrição; e esta será correcta ou não. [*Ver* 3.24.]

A proposição que trata de um complexo, se este não existir, não se torna sem sentido, mas simplesmente falsa! [*Ver* 3.24]

16. 5. 15

Quando vejo espaço, verei todos os seus pontos?

Não é mais possível representar na linguagem algo que «contradiga a lógica» do que, na geometria, representar mediante as suas coordenadas uma figura que contradiga as leis do espaço, ou ainda as coordenadas darem um ponto que não existe. [3.032.]

Se houvesse proposições asserindo a existência de proto-imagens, então seriam únicas e uma espécie de «proposições lógicas», e o conjunto destas proposições daria à lógica uma realidade impossível. Haveria coordenação na lógica.

18. 5. 15

A possibilidade de todos os símiles, de todo o carácter pictórico do nosso modo de expressão, assenta na lógica da representação. [4.015.]

19. 5. 15

Podemos até conceber um corpo apreendido em movimento, *e juntamente com o seu movimento*, como uma coisa. Assim a Lua, girando à volta da Terra, se move em torno do Sol. Parece então claro que, nesta reificação, nada está presente além de uma manipulação lógica — cuja possibilidade pode, de resto, ser extremamente significativa.

Ou consideremos reificações como: uma melodia, uma proposição falada. —

Quando digo «'x' tem referência», terei então esta sensação: «é impossível que 'x' signifique, porventura, esta faca ou esta carta»? De modo nenhum. Pelo contrário.

20. 5. 15

Um complexo é precisamente uma coisa!

21. 5. 15

Podemos decerto representar espacialmente um conjunto de circunstâncias que contrarie as leis da física, mas nenhum que contradiga as leis da geometria. [3.0321.]

22. 5. 15

A notação matemática das séries infinitas, como

$$\text{«}I + \frac{x}{1!} + \frac{x^3}{2!} + \ldots\ldots\text{»}$$

com os pontinhos é um exemplo daquela generalidade alargada. Dá-se uma lei e os membros anotados servem de ilustração.

Assim, poder-se-ia escrever «fx.fy...» em vez de (x)fx.

Complexos espaciais e *temporais*.

23. 5. 15

Os limites da minha linguagem significam os limites do meu mundo. [*Cf.* 5.6.]

Há realmente apenas uma alma do mundo, a que chamo sobretudo a *minha* alma; e só enquanto ela apreendo aquilo que chamo as almas dos outros.

A observação anterior fornece a chave para decidir em que medida o solipsismo é uma verdade. [*Ver* 5.62.]

Já há muito estava ciente de que poderia escrever um livro: «O mundo que encontrei». [*Cf.* 5.631.]

Se não tivéssemos justamente o sentimento da relação simples, que sempre nos sobrevém como o fundamento principal para a suposição de «objectos simples», não teríamos este mesmo sentimento ao pensar na relação entre nomes e objecto complexo?

Suponhamos que o objecto complexo é este livro; chame-se-lhe «A». Então, decerto que a ocorrência de «A» numa proposição mostra a ocorrência do livro no facto. *Também não se resolve arbitrariamente na análise de modo que a sua resolução em toda a estrutura proposicional fosse de todo diferente.* — [*Ver* 3.3442.]

E tal como a ocorrência de um nome de coisa em proposições diferentes, assim a ocorrência do nome de objectos compostos mostra a comunidade de uma forma e de um conteúdo.

Apesar de tudo, a situação *infinitamente* complexa parece ser um absurdo!

Afigura-se também certo que não inferimos a existência de objectos simples a partir da existência de determinados objectos simples, mas conhecemo-los antes como resultado final de uma análise — por assim dizer, mediante a descrição — por meio de um processo a eles conducente.

Porque uma locução é sem sentido, pode ainda utilizar-
-se — ver a última observação.

No livro «O mundo que encontrei», deveria também informar acerca do meu corpo e dizer que membros estão submetidos à minha vontade, etc. Eis um método de isolar o sujeito, ou antes de mostrar que, num importante sentido, não existe nenhum sujeito: pois só dele *não* se trataria neste livro. — [*Ver* 5.631.]

24. 5. 15

Apesar de não conhecermos os objectos simples a partir da intuição, *conhecemos* os objectos complexos a partir da intuição, sabemos pela intuição que eles são complexos. — E que, por fim, hão-de consistir em coisas simples?

Consideremos, por exemplo, parte do nosso campo de visão; vemos que ela é sempre complexa, que uma parte dela é sempre complexa, mas já mais simples, e assim por diante. ——

Poder-se-á pensar que nós — por exemplo — *vemos* que *todos os pontos de uma superfície são amarelos*, sem divisarmos qualquer ponto singular desta superfície? Quase assim parece.

A génese dos problemas: a tensão opressiva que se acumula numa questão, e se objectiva.

Como é que descreveríamos, por exemplo, uma superfície coberta uniformemente de azul?

25. 5. 15

Parecer-nos-á a imagem visual de um *minimum visibile* realmente como indivisível? O que tem extensão é divisível. Haverá partes na nossa imagem visual que não têm *nenhuma* extensão? Porventura a das estrelas fixas? ——

O impulso para o místico provém da insatisfação dos nossos desejos mediante a ciência. *Sentimos* que, mesmo se todas as questões científicas *possíveis* obtivessem uma resposta, *o nosso problema nem sequer ainda foi aflo-rado*. É claro que então já não resta mais questão alguma; e tal é justamente a resposta. [*Cf.* 6.52.]

Por *toda* a proposição é afirmada a tautologia, e negada a contradição. (Poder-se-ia ligar com «e» a toda a proposi-ção uma tautologia qualquer, sem alterar o seu sentido, e também a negação de uma contradição.)

E «sem alterar o seu sentido» quer dizer: sem alterar o *essencial* no próprio sinal. Pois não se pode alterar o *sinal* sem alterar o seu sentido. [*Cf.* 4.465.]

«aRa» *tem* de ter sentido se «aRb» tiver sentido.

26. 5. 15

Mas como é que agora explicarei a natureza geral da *proposição*? Podemos, de facto, dizer: tudo o que é (ou não é) o caso pode ser figurado mediante uma proposição. Mas temos aqui a expressão *«é o caso»*! É igualmente proble-mático.

Os objectos formam a contrapartida da proposição.

Só posso *nomear* os objectos. Estes são substituídos pelos sinais. [*Ver* 3.221.]

27. 5. 15

Só posso falar *acerca* deles, não os posso expressar. [*Ver* 3.221.]

«Mas não poderia haver algo que não se possa expres-sar mediante uma *proposição* (e que também não é nenhum objecto)?» Tal nem sequer se deixaria expressar por meio da *linguagem;* e também não podemos *indagar* a seu respeito.

Como, se houvesse algo exterior aos *factos*? O que é que as nossas proposições não conseguiriam expressar? Mas eis que temos, por exemplo, as *coisas, e não sentimos qualquer necessidade* de as expressar em proposições.

O que não se pode expressar não o expressamos—. E como queremos nós *perguntar* se se pode expressar AQUILO que não se deixa EXPRESSAR?

Não há nenhum âmbito exterior aos factos?

28. 5. 15

«Sinal complexo» e «proposição» são *equivalentes.*

Será uma tautologia dizer: a *linguagem* consiste em *proposições*?
Parece que *sim.*

29. 5. 15

Mas é a *linguagem* a *única* linguagem?
Por que é que não deve haver um modo de expressão com o qual posso falar *acerca* da linguagem, de tal forma que esta me possa parecer em coordenação com outra coisa?

Suponhamos que a música era um tal modo de expressão: então é, em qualquer caso, característico da *ciência* que *nenhuns* temas musicais nela ocorram.

Eu próprio, aqui, só escrevo proposições. E porquê?

Como é que a linguagem é única?

30. 5. 15

As palavras são como a pele em água profunda.

É claro que vem dar ao mesmo perguntar o que é uma proposição, e perguntar o que é um facto — ou um complexo.

E por que é que não se deve dizer: «Há complexos; podem designar-se com nomes ou representar-se mediante proposições»?

O nome de um complexo actua numa proposição como o nome de um objecto, que unicamente conheço graças a uma *descrição*.—
A proposição que o representa actua como descrição.

Mas, se apenas há objectos simples, será correcto chamar «nomes» aos seus sinais e aos outros?

Ou nome será, por assim dizer, um conceito *lógico*?
«Ele caracteriza o que é comum a uma forma e a um conteúdo».——

Segundo a diferença da estrutura do complexo, o seu nome designa de um modo diferente e está sujeito a outras leis sintácticas.

O erro nesta concepção tem de consistir, por um lado, na oposição que estabelece entre objectos simples e complexos, e, por outro, em tratá-los como afins.
E, contudo: *componentes* e *complexo* parecem ser entre si afins·e opostos!
(Tal como o planta de uma cidade e o mapa de uma região, que estão diante de nós na mesma grandeza e em escalas diferentes.)

Donde provém este sentimento: «Posso correlacionar um nome a tudo o que vejo, a esta paisagem, às partículas de pó no ar; sim, a que deveríamos chamar nomes, se não a isto»?!

Os nomes caracterizam a comunidade *de uma* forma e *de um* conteúdo. — Só *com* o seu uso sintáctico caracterizam *uma determinada* forma lógica. [*Cf.* 3.327.]

31. 5. 15

Com a descrição do mundo mediante nomes não se consegue realizar mais do que com a descrição geral do mundo!!!

Não se pode, pois, passar sem nomes?? Decerto que não.

Os nomes são necessários para a asserção de que *esta* coisa possui *aquelas* propriedades, e assim por diante.
Religam a forma proposicional a objectos totalmente determinados.
E se a descrição geral do mundo é como um modelo do mundo, então os nomes pregam-na de tal modo no mundo que este em toda a parte se cobre com ela.

1. 6. 15

O grande problema em torno do qual gira tudo o que escrevo é: haverá *a priori* uma ordem no mundo, e, se sim, em que consiste?

Olhas para um banco de nevoeiro e podes persuadir-te de que a meta já está perto. Mas desfaz-se o nevoeiro, e a meta ainda não está à vista!

2. 6. 15

Disse eu: «Uma tautologia é afirmada por *cada* proposição»; mas assim ainda não se disse por que é que ela não é uma *proposição*. Ter-se-á já dito então por que é que de p *e* de ∼ p não se pode asserir uma proposição?!

Em rigor, a minha teoria não diz que a proposição *deve* ter dois pólos.

Eu teria agora, no modo de falar desta teoria, de encontrar uma expressão para QUANTO *uma proposição diz*. E o resultado deveria justamente ser que as tautologias NADA dizem.

Mas como se determinará a medida do que é significativo?

De qualquer modo, ela existe; e a nossa teoria *deve* poder expressá-la.

3. 6. 15

Poderia certamente dizer-se: *a* proposição diz o mais a partir do qual o mais se infere.

Poder-se-ia dizer: «A partir do qual se segue a maioria das proposições, entre si independentes»?

Não se passa, porém, assim: se p se segue de q, mas não q de p, então q diz mais do que p?
Mas de uma tautologia nada se segue. — Ela, porém, segue-se de toda a proposição. [*Cf.* 5.142.]
O mesmo vale para o seu contrário.

Mas como! Não seria aí a contradição a proposição mais significativa? De «p.∼p» não se segue apenas «p», mas também «∼p»! Delas segue-se toda a proposição, e elas não se seguem de nenhuma!? Mas nada posso deduzir de uma contradição, precisamente *porque* é uma contradição!
Mas se a contradição é a classe *de todas as proposições*, então a tautologia torna-se o que é comum a todas as clas-

ses de proposições que nada têm em comum, e desaparece por completo. [*Cf.* 5.143.]

Portanto, «pv∿p» só aparentemente seria um sinal. Na realidade, porém, é a dissolução da proposição.

A tautologia esvanece-se, por assim dizer, no interior de todas as proposições, a contradição no exterior de todas as proposições. [*Ver* 5.143.]

Aliás, nestas considerações, pareço estar sempre inconscientemente a partir da proposição elementar.——

A contradição é o limite exterior das proposições; nenhuma proposição a afirma. A tautologia é o centro insubstancial. (Pode conceber-se o ponto central de uma superfície circular como a sua limitação interna.) [*Cf.* 5.143.]

(A palavra-chave ainda não foi, de resto, aqui pronunciada.)

É aqui muito fácil confundir a adição lógica com o produto lógico.

Chegamos ao resultado, aparentemente notável, de que duas proposições devem ter algo em comum para que possam ser afirmadas por uma proposição.

(Mas a pertença a *uma* classe é também algo que as proposições podem ter em *comum*!)

(Reside aqui ainda, na minha teoria, uma obscuridade definida e decisiva. Daí um certo sentimento de insatisfação!)

4. 6. 15

«p.q» só tem sentido, se «pvq» tiver sentido.

5. 6. 15

«p.q» afirma «p» e «q». Isso não significa, porém, que «p.q» seja a componente comum de «p» e «q», mas, pelo contrário, que tanto «p» como «q» estão contidos em «p.q».

Neste sentido, p e $\sim$p teriam até algo em comum, por exemplo, proposições como $\sim$pvq e pvq. Isto é: há, sem dúvida, proposições que são afirmadas tanto por «p» como por «$\sim$p» — por exemplo, as anteriores — mas não há nenhuma que afirme tanto p como $\sim$p.

Para que uma proposição possa ser verdadeira tem também de poder ser falsa.

Por que é que a tautologia nada diz? Porque nela está admitida de antemão toda a possibilidade; porque...

Tem de se mostrar *na própria proposição* que ela diz *algo* e, na tautologia, que ela nada diz.

p.$\sim$p é aquilo que — porventura *o nada* — p e $\sim$p têm em comum.

No sinal *próprio* para p já reside efectivamente o sinal «pvq». (Pois é, então, possível formar este sinal SEM MAIS NADA.)

6. 6. 15

(Esta teoria trata as proposições exclusivamente, por assim dizer, como um mundo próprio e não em ligação com o que elas representam.)

O nexo da teoria da figuração com a teoria das classes[6] só mais tarde se tornará óbvio.

---

[6] A teoria da proposição como classe.

De uma tautologia não se pode dizer que é verdadeira, pois ela foi *feita verdadeira*.

Ela não é uma imagem da realidade, porquanto nada REPRESENTA. É o que todas as *imagens* — entre si contraditórias — têm em comum.

Na teoria de classes, não é ainda evidente por que é que a proposição *necessita* da sua contrária. Por que é ela uma parte *separada* da restante parte do espaço lógico.

A proposição diz, é: *assim*, e não: *assim*. Representa uma possibilidade e, no entanto, constitui já *visivelmente* a parte de um todo — cujos traços ostenta — e do qual sobressai.

pvqv~p é também uma tautologia. —

Há proposições que *admitem* tanto p como ~p, mas não há *nenhuma* que *afirme* tanto p como ~p.

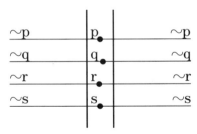

A possibilidade de «pvq», quando «p» está dado, é uma possibilidade segundo uma dimensão diferente da impossibilidade de «~p».

«pv~p» é um CASO MUITO ESPECIAL de «pvq».

«p» nada tem em comum com «~pvq».

Em virtude de eu apor a «p» o «∼», a proposição entra numa outra classe de proposições.

Cada proposição tem apenas um negativo; ... Há somente uma proposição que se situa completamente fora de «p». [*Cf.* 5.513.]

Poderia igualmente dizer-se assim: a proposição que afirma p e ∼p é negada por todas as proposições; a proposição que afirma p ou ∼p é afirmada por todas as proposições.

O meu erro deve estar no facto de eu querer usar, para a sua definição, aquilo que, entre outras coisas, se segue da natureza da negação, etc. — O limite comum de «p» e «∼p» não ocorre de modo algum no esclarecimento da negação por mim tentado.

7. 6. 15

Se, por exemplo, se pudesse dizer: todas as proposições que não afirmam p, afirmam ∼p, ter-se-ia então uma descrição satisfatória. — Mas as coisas não se passam assim.

Não se poderá, porém, dizer que «∼p» é aquilo que é comum apenas às proposições que não afirmam «p»? — E daqui segue-se já, de facto, a impossibilidade de «p.∼p».

(Tudo isto, naturalmente, pressupõe já a existência do integral *mundo das proposições*. Correcto?)

NÃO BASTA apontar para o facto de ∼p estar fora de p! Só então se poderá deduzir todas as propriedades de «∼p», se «∼p» for introduzido *essencialmente como o negativo de p*!!
Mas como fazê-lo!?—

Ou será que as coisas se passam de tal modo que em geral não podemos «introduzir» a proposição ∼p, mas ela se nos depara como um facto consumado, e podemos somente apontar as suas propriedades formais individuais características, como, por exemplo, que ela não tem nada em comum com p, que nenhuma proposição a contém a ela e a p, etc., etc.?

8. 6. 15

Toda a «proposição matemática» é um *modus ponens* representado em sinais. (E é claro que o *modus ponens* não se pode exprimir numa proposição.) [*Cf.* 6.1264.]

A comunidade de limite de p e $\sim$p expressa-se através do facto de o negativo de uma proposição só ser determinado justamente com a ajuda desta. Pois dizemos: o negativo de uma proposição é a proposição que... e então segue-se a relação de $\sim$p a p.——

9. 6. 15

Poderia, decerto, simplesmente dizer-se: a negação de p é a proposição que não tem nenhuma proposição em comum com p.

A expressão *tertium non datur* [princípio do terceiro excluído] é, em rigor, um absurdo. (Em pv$\sim$p nem sequer se fala de um terceiro!)

Não deveríamos poder aplicar isso à nossa clarificação do negativo de uma proposição?

Não podemos dizer: entre todas as proposições que estão dependentes só de p, há apenas aquelas que afirmam p, e as que o negam?

Posso, portanto, dizer que o negativo de p é a classe de todas as proposições que unicamente estão dependentes de «p» e *não afirmam «p»*.

86

10. 6. 15

«p.qv~q» NÃO *está dependente de «q».*
Proposições completas, que desapareçam!

Já o facto de «p.qv~q» estar dependente de «q», apesar de conter manifestamente o sinal gráfico «q», nos mostra como sinais da forma $\eta v \sim \eta$ podem existir aparentemente, mas só *aparentemente*.

Isto provém, decerto, de ser possível externamente a combinação «pv~p», mas não satisfaz as condições sob as quais um tal complexo *diz algo* e, portanto, é uma proposição.

«p.qv~p» diz o mesmo que
«p.rv~r»
seja o que for que q e r possam dizer: todas as tautologias dizem o mesmo. (Isto é, nada.) [*Cf.* 5.43.]

Da última clarificação da negação segue-se que todas as proposições dependentes só de p e que não afirmam p — e apenas essas — negam p. Portanto, «pv~p» e «p.~p» não são proposições, pois o primeiro sinal nem afirma nem nega p, e o segundo deveria afirmar ambos.

Mas visto que posso escrever pv~p e p.~p, sobretudo em ligação com outras proposições, então há que clarificar qual o papel que estas pseudoproposições desempenham, sobretudo naquelas ligações. Pois não se devem tratar como um apêndice completamente desprovido de significado — como, por exemplo, um nome sem significado. Pertencem antes ao simbolismo — como o «0» na aritmética. [*Cf.* 4.4611.]

É aqui claro que pv~p desempenha o papel de uma verdadeira proposição que, no entanto, diz *zero*.

Eis-nos de novo chegados à quantidade do que é dito.

11. 6. 15

O contrário de «p.∽p» segue-se de todas as proposições: equivalerá a dizer que «p.∽p» nada diz? — Segundo as minhas regras anteriores, a contradição deveria dizer mais do que todas as outras proposições.

Contradição ├────────θ────────┤ Tautologia
Proposição

Se uma proposição significativa for falsa, deveria então o interesse consistir justamente em ela ser falsa. É estranho que o negativo de uma proposição significativa nada deva dizer.

Dissemos: se p se segue de q, mas não q de p, então q diz mais do que p. Mas que aconteceria, se de p se seguisse que q é falso, e não de q que p é falso?
De p segue-se ∽q, de q não se segue ∽p.———?

12. 6. 15

Em rigor, poderia em cada proposição perguntar-se: o que significa para ela ser verdadeira? O que significa para ela ser falsa?
Ora a suposição em p.∽p é sempre falsa, e isto nada significa; e quanto significa, se for verdadeira, nem sequer se pode perguntar.

13. 6. 15

Se «p.∽p» PUDESSE ser verdadeira, então *muito* diria, sem dúvida. Mas a *suposição* de que é verdadeira nem sequer nela se toma em consideração, pois, segundo a sua suposição, é sempre falsa.

Singular: as palavras «verdadeiro» e «falso» reportam-se sempre à relação da proposição com o mundo; que estas palavras se possam usar nela própria para a representação!

Dissemos: se uma proposição estiver dependente apenas de p, e se ela afirma p, então não o nega, e vice-versa: *será esta a imagem da exclusão recíproca de p e ∽p*? Do facto de que ∽p é *aquilo* que reside *fora* de p?

Assim parece! A proposição «∽p» é no mesmo sentido o que reside fora de «p».— (Não se esqueça que a imagem pode ter coordenadas muito complicadas para o mundo.)

De resto, poder-se-ia simplesmente dizer: «p.∽p» nada diz no sentido próprio da palavra. Pois não há, de antemão, qualquer possibilidade que ela possa *correctamente* representar.

Se, dito de passagem, «p segue-se de q» significa: se q for verdadeiro, então p tem de ser verdadeiro, não se pode dizer então que de «p.∽p» se segue algo, pois não há hipótese de «p.∽p» ser verdadeira!!

14. 6. 15

Estamos entendidos quanto ao facto de os nomes poderem substituir, e substituírem, as mais diversas formas, e de só então a aplicação sintáctica caracterizar a forma a representar.

Ora, que é a aplicação sintáctica de nomes de objectos simples?

Qual é o meu pensamento fundamental, ao falar de objectos simples? No fim de contas, não satisfazem os «objectos complexos» justamente as exigências que, na aparência, faço àqueles? Se der a este livro um nome «N» e falar então de N, não será a relação de N com aquele «objecto complexo», com aquelas formas e conteúdos, *essencialmente* a mesma que eu imaginava entre os nomes e o objecto simples?

N.B.: ainda que o nome «N» se desvaneça numa análise ulterior, indica, apesar de tudo, *uma coisa comum*.

Mas que se passa com a referência dos nomes fora do contexto proposicional?

Também se poderia apresentar a questão assim: parece que a ideia do SIMPLES está já contida na do complexo e na ideia de análise, de tal modo que nós, abstraindo totalmente de quaisquer exemplos de objectos simples ou de proposições em que deles se trata, chegamos a esta ideia e apercebemo-nos da existência dos objectos simples — *a priori* — como uma necessidade lógica.

Parece, pois, que a existência dos objectos simples se relaciona com a dos complexos, tal como o sentido de ∿p com o sentido de p: o objecto *simples* estaria *preconcebido* no complexo.

15. 6. 15

(NÃO se confunda isto com o *facto* de a *componente* estar preconcebida no complexo.)

(Uma das tarefas mais difíceis do filósofo é descobrir onde é que está o problema.)

É perfeitamente claro que posso correlacionar um nome com este relógio que está diante mim a funcionar, e que este nome terá referência fora de cada proposição, no mesmo sentido da palavra tal como sempre o intentei, e sinto que aquele nome numa proposição corresponderá a todas as exigências dos «nomes de objectos simples.»

16. 6. 15

Queremos agora ver se este relógio corresponde, de facto, a todas as condições para ser um «objecto simples»!——

A questão é, em rigor, a seguinte: tenho eu de conhecer a composição da sua referência para conhecer o modo de tratamento sintáctico de um nome? Se sim, então a composição total expressa-se também já em proposições não analisadas...——

(Tenta-se, muitas vezes, saltar por cima de grandes abismos de pensamento e, então, cai-se no meio.)

O que nos parece dado *a priori* é o conceito: *Este.* — Idêntico ao conceito de *objecto.*

Também as relações e as propriedades, etc. são *objectos.*

A minha dificuldade consiste no seguinte: em todas as proposições que me ocorrem aparecem nomes que, numa análise ulterior, devem desaparecer. Sei que semelhante análise ulterior é possível, mas não estou em posição de a levar integralmente a cabo. Sei, no entanto, segundo todas as aparências, que, se a análise fosse levada integralmente a cabo, o seu resultado teria de ser uma proposição, a qual, por sua vez, conteria nomes, relações, etc. Em suma, é como se, aparentemente, eu conhecesse apenas uma forma da qual não conheço um único exemplo.
Vejo que a análise pode ser prosseguida e, por assim dizer, não me pode fazer ver que ela leve a algo de diferente dos géneros de proposições que me são conhecidos.

Ao dizer que este relógio é brilhante e, aquilo que quero dizer com este relógio altera no mínimo a sua composição, então não só se altera assim o sentido da proposição segundo o conteúdo, mas a *declaração acerca deste relógio* altera *também* de modo imediato o seu sentido. Altera-se a forma total da proposição.

Ou seja, o uso sintáctico dos nomes caracteriza integralmente a forma dos objectos compostos, que eles designam.

Toda a proposição que tem um sentido tem um sentido COMPLETO, e é uma imagem da realidade, de modo que aquilo que nela ainda não está dito não pode simplesmente pertencer ao seu sentido.

Se a proposição «este relógio brilha» tem um sentido, então tem de se poder clarificar COMO é que ESTA proposição tem ESTE sentido.

Se uma proposição nos diz algo, então, tal como está, deve ser uma imagem da realidade e, decerto, uma imagem completa.— Haverá também, naturalmente, algo que ela *não* diz — mas o *que* diz, ela di-lo integralmente, e deve deixar-se RIGOROSAMENTE circunscrever.

Uma proposição pode, pois, ser uma imagem incompleta de um certo facto, mas é SEMPRE uma *imagem completa*. [*Cf.* 5.156.]

Daí que, aparentemente, é como se, num certo sentido, todos os nomes fossem *nomes autênticos*. Ou, como eu poderia também dizer, como se todos os objectos fossem, em certo sentido, objectos simples.

17. 6. 15

Suponhamos que cada objecto espacial consiste numa multiplicidade infinita de pontos; é então claro que, ao falar daquele objecto, não os posso mencionar nominalmente a todos. Eis, portanto, um caso em que não *posso* chegar de modo nenhum a uma análise completa no antigo sentido; e este é talvez o caso habitual.

É, decerto, claro que só as proposições que a humanidade utiliza, e tal como estão, terão um sentido e não aguardam uma análise futura para receber um sentido.

Mas surge, então, uma questão legítima: serão — por exemplo — os objectos espaciais compostos por partes

simples, chega-se no seu desmembramento a partes que já não são decomponíveis, ou tal não é o caso?
— Mas que tipo de pergunta é esta? — *É claro* A PRIORI *que, na análise, temos de chegar a componentes simples — reside já isto, porventura, no conceito de análise —*, ou é possível a decomponibilidade *ad infinitum*? — Ou haverá, no fim de contas, uma terceira possibilidade?

Aquela questão é uma questão lógica, e a componibilidade dos objectos espaciais é uma questão lógica, pois dizer que uma coisa é parte de outra é sempre uma tautologia.

Suponhamos, porém, que eu eventualmente pretendia dizer que UMA componente de um facto tinha uma determinada propriedade? Deveria então mencioná-la nominalmente e empregar uma soma lógica.

Nada parece também opor-se a uma decomponibilidade infinita.

E há algo *que recorrentemente* nos inquieta: que há algo simples, indecomponível, um elemento do ser, em suma, uma coisa.

Não é, decerto, contrário ao nosso sentimento que não possamos decompor PROPOSIÇÕES até ao ponto de mencionar nominalmente os elementos, mas sentimos que o MUNDO deve consistir em elementos. E, aparentemente, é como se isto fosse idêntico à proposição de que o mundo deveria ser justamente aquilo que é, deveria ser determinado. Ou, por outras palavras, o que vacila são as nossas determinações, não o mundo. Parece que negar as coisas equivaleria a dizer: o mundo poderia, por assim dizer, ser indeterminado no sentido, porventura, em que o nosso saber é inseguro e indeterminado.

O mundo tem uma estrutura firme.

Será a representação mediante nomes inanalisáveis *apenas um sistema*?

Tudo o que quero é apenas a plena análise *do meu sentido*!!

Por outras palavras, a proposição deve ser completamente articulada. Tudo o que o seu sentido tiver em comum com outro sentido deve estar contido em separado na proposição. Se ocorrerem generalizações, então as formas dos casos particulares têm de ser visíveis. — E é claro que esta exigência é legítima, de outro modo a proposição não pode ser sequer uma imagem de *alguma coisa*. [*Cf.* 3.251.]

Pois se as possibilidades na proposição *são deixadas em aberto*, então *isto* tem *justamente* de ser *determinado: o que* é deixado em aberto. As generalizações da forma — por exemplo — devem ser determinadas. O que não sei, não sei, mas a proposição tem de me mostrar O QUE sei. E não é, então, este *determinado*, a que tenho de aceder, precisamente simples no sentido de que ele sempre pairou na minha mente? É, por assim dizer, o sólido.

«Não há objectos compostos» significa então para nós: na proposição tem de ser claro como é composto o objecto, na medida em que se pode falar da sua componibilidade. — O sentido da proposição tem de aparecer na proposição decomposto nas suas componentes *simples* —. E estas partes são, então, realmente indecomponíveis, pois se ainda fosse possível decompô-las mais nem sequer seriam ESTAS. Por outras palavras, a proposição já nem sequer se deixa *substituir* por outra que tenha mais componentes, mas qualquer que tenha mais componentes também não terá *este* sentido.

A proposição está sempre dividida nas suas componentes simples quando o sentido da proposição está completamente expresso nela própria — uma divisão ulterior é impossível e uma aparente é supérflua — e estes são objectos no sentido original.

18. 6. 15

Se a complexidade de um objecto for determinante para o sentido de uma proposição, então deve estar representada na proposição na medida em que ela determina o seu sentido. E tanto quanto a composição *não* for determinante para *este* sentido, assim também serão *simples* os objectos desta proposição. ELES não *podem* ser ulteriormente decompostos.———

A exigência de coisas simples *é* a exigência de precisão do sentido. [*Cf.* 3.23.]

— Pois se falo deste relógio e assim intento algo complexo, e se não importa a composição, então surgirá na proposição uma generalização, e as suas formas fundamentais, *na medida em que estão dadas*, serão completamente determinadas.

Se há um sentido finito e uma proposição que inteiramente o expresse, então há também nomes para objectos simples.

Tal é a designação correcta.

E se um nome simples designar um objecto infinitamente complexo? Asserimos, por exemplo, algo acerca de uma mancha no nosso campo visual, que ela está porventura à direita de uma linha, e supomos que toda a mancha do nosso campo visual é infinitamente complexa. Se dissermos, então, a propósito de um ponto naquela mancha, que ele está à direita da linha, então esta proposição resulta da anterior, e se houver na mancha uma multiplicidade infinita de pontos, *então da primeira seguir-se-á* logicamente *uma multiplicidade infinita de proposições de diferente conteúdo!* E isto mostra já que a própria proposição era, de facto, infinitamente complexa. A saber, não o sinal proposicional sozinho, mas *com o seu uso sintáctico.*

Ora é *perfeitamente* possível que, na realidade, de semelhante proposição *não* se siga uma multiplicidade infinita de proposições, porque talvez — ou provavelmente — o nosso campo de visão não consista numa multiplicidade infinita de partes — mas aquele espaço visual contínuo seja, porém, uma construção posterior—; e, então, segue-se apenas um número finito de proposições a partir da proposição conhecida, e ela própria é, em cada sentido, *finita.*

Mas afectará esta *possível* complexidade infinita do sentido a sua exactidão?

Também se poderia exigir a precisão do seguinte modo!: se uma proposição houver de ter sentido, então deve estabelecer-se primeiro o uso sintáctico de todas as suas partes. — Não se pode, por exemplo, *chegar só posteriormente* ao facto de uma proposição se seguir dele. Mas, por exemplo, que proposições se seguem de uma proposição tem de ser inteiramente certo antes de esta proposição poder ter um sentido!

Parece-me perfeitamente possível que as manchas no nosso campo de visão sejam objectos simples, na medida em que nenhum ponto destas manchas é percepcionado separadamente; assim parecem sê-lo, decerto, as imagens visuais das estrelas. Se eu disser, por exemplo, que este relógio não está na gaveta, então não é de todo necessário que SE SIGA LOGICAMENTE que uma roda inserida no relógio não está na gaveta, pois talvez *eu não soubesse* que a roda estava no relógio; portanto, com «este relógio» eu não teria podido significar um complexo em que a roda aparece. E é certo — diga-se de passagem — que eu não vejo todas as partes do meu campo visual *teorético*. Quem sabe *se* verei uma multiplicidade infinita de pontos!

Suponhamos que víamos uma mancha em forma de círculo: será a forma circular a sua *propriedade*? Certamente que não. Ela parece ser uma «propriedade» estrutural. E se noto que uma mancha é redonda, não descortino aí uma propriedade estrutural infinitamente complexa? Ou noto apenas que a mancha tem um uma extensão finita, e também já isso parece *pressupor* uma estrutura infinitamente complexa.

Não: uma proposição segue-se de outra, mas a verdade de uma segue-se da verdade de outra. (Por isso se *segue* de «Todos os homens são mortais», que «Se Sócrates é um homem, então é mortal».)

Mas uma proposição pode tratar de pontos infinitamente múltiplos sem, num certo sentido, ser infinitamente complexa.

19. 6. 15

Quando vemos que o nosso campo visual é complexo, vemos então também que ele consiste em partes *mais simples*.

Podemos falar de funções desta e daquela espécie sem ter em vista uma aplicação determinada.

Pois não nos ocorre nenhum exemplo, quando utilizamos Fx e todos os outros sinais formais variáveis.

Em suma: se aplicássemos as imagens originárias somente em ligação com os nomes, então haveria a possibilidade de conhecermos a existência das imagens originais a partir da existência dos seus casos particulares. Mas aplicamos a *variável*, isto é, falamos, por assim dizer, apenas das imagens originárias, abstraindo totalmente de quaisquer casos particulares.

Representamos a coisa, a relação, a propriedade mediante variáveis e mostramos assim que não deduzimos estas ideias de certos casos que nos ocorreram, mas que de algum modo as possuímos *a priori*.

Importa então saber: se as formas individuais me são dadas, por assim dizer, na experiência, então não estou autorizado a fazer uso delas na lógica; em rigor, não posso escrever x e ϕy. Mas isto não posso de modo algum evitar.

Pergunte-se de passagem: trata a lógica de certos géneros de funções e coisas semelhantes? E se não, que significam então Fx, ϕz *e assim por diante*, na lógica?
Estes têm de ser sinais de significação mais geral!

O estabelecimento de uma espécie de inventário lógico, tal como antes o imaginei, parece de facto não existir.

As componentes da proposição têm de ser simples = A proposição deve ser inteiramente articulada. [*Cf.* 3.251.]

Mas não PARECE isto contradizer os factos?—

Na lógica queremos, aparentemente, exibir imagens ideais de proposições articuladas. Mas como é isso possível?

Ou podemos tratar, sem mais, uma proposição como «o relógio está sobre a mesa» de acordo com as regras da lógica? Não, pois dizemos, por exemplo, que não há indicação de tempo na proposição, que ela é apenas só aparente... etc., etc.

Portanto, antes de podermos lidar com ela, devemos transformá-la de uma certa maneira.

Mas talvez isto não seja decisivo, pois não poderíamos também adaptar o nosso habitual modo de escrita *lógica* à proposição especial?

20. 6. 15

Sim, pois disto se trata: poderíamos justamente aplicar a lógica sem mais, tal como está nos *Principia Mathematica*, às *proposições vulgares*?

Naturalmente, não podemos descurar o que nas nossas proposições é *expresso* através das desinências, prefixos, acentos, etc., etc.

Mas aplicamos a matemática, e aliás com o máximo êxito, às proposições habituais, a saber, às da física!!

Mas quão singular: nos conhecidos teoremas da física matemática não aparecem nem coisas nem funções nem relações, nem sequer formas lógicas de objecto!! Em vez de coisas, temos números, e as funções e as relações tornam-se sem excepção puramente matemáticas!!

Mas, no entanto, é um facto que estas proposições se aplicam à realidade concreta.

As variáveis nesses teoremas não substituem inteiramente — como muitas vezes se diz — comprimentos, pesos, intervalos de tempo, etc., mas substituem simplesmente números e nada mais.

Mas se pretendo aplicar os números, então chego às relações, às coisas, etc., etc. Digo, por exemplo: este comprimento é de 5 metros e falo, então, de relações e de coisas, e decerto no sentido *totalmente habitual*.

Chegamos aqui à questão da referência das variáveis nas proposições da física. Estas não são tautologias.

A proposição da física sem indicação da sua aplicação é, claro está, sem sentido. Que sentido teria dizer: «k = m.p»? Portanto, a proposição física completa trata de coisas, de relações, e assim por diante. (O que em rigor já era de esperar.)

Tudo consiste no facto de eu aplicar os números às coisas habituais, etc., o que, mais uma vez, apenas diz que nas nossas proposições inteiramente habituais aparecem números.

A dificuldade é, em rigor, a seguinte: ao querermos expressar um sentido *totalmente determinado*, subsiste a possibilidade de errar o alvo. Parece, pois, que, por assim dizer, não temos nenhuma garantia de que a nossa proposição seja realmente uma imagem da realidade.

A divisão dos corpos em *pontos materiais*, como ocorre na física, nada mais é do que a análise em *componentes simples*.

Mas deveria ser possível que as proposições habitualmente utilizadas por nós tivessem como que um sentido incompleto (abstraindo de todo da sua verdade ou falsidade), e que as proposições da física se aproximassem, por assim dizer, do estádio em que uma proposição tem realmente um sentido completo??

Quando digo «o livro está sobre a mesa», tem isso realmente um sentido perfeitamente claro? (Uma questão ALTAMENTE significativa!)

O sentido tem de ser claro, pois queremos dizer *algo* com a proposição, e tanto quanto *seguramente* intentamos, deve ser claro.

Se a proposição «o livro está sobre a mesa» tem um sentido claro, então devo poder dizer, seja qual for *o caso*, se a proposição é verdadeira ou falsa. Mas poderiam ocorrer *casos* em que eu não pudesse dizer, sem mais, se se deve indicar o livro como ainda «sobre a mesa». Então?

Será este, porventura, o caso em que sei bem o que quero dizer, mas cometo erros na expressão?

Ou pode esta incerteza TAMBÉM estar ainda contida na proposição?

Mas pode igualmente acontecer que a proposição «o livro está sobre a mesa» represente completamente o meu sentido, que eu use aqui as palavras, por exemplo, «estar sobre» com uma referência *especial*, e que alhures elas tenham uma outra referência. Intento com o verbo, porventura, a relação muito especial que o livro agora realmente tem com a mesa.

Serão as proposições da física e as proposições da vida quotidiana, no fundo, igualmente precisas, e consistirá a diferença apenas na aplicação mais consequente dos sinais na linguagem da ciência??

Pode, ou não, dizer-se que uma proposição tem um sentido mais ou menos preciso?

Parece claro que o que INTENTAMOS tem de ser sempre «*preciso*».

A nossa expressão do que intentamos só pode, por seu turno, ser correcta ou falsa. E então as palavras podem ainda ser aplicadas consequente ou inconsequentemente. Parece não haver outra possibilidade.

Quando, por exemplo, digo «a mesa tem um metro de comprimento», é altamente questionável o que quero com

isso dizer. Mas quero certamente afirmar «a distância DES-
TES dois pontos é um metro, e os pontos pertencem à mesa».

Dissemos que a matemática estaria já aplicada com êxito
às proposições habituais, mas as proposições da física tratam de objectos inteiramente diferentes dos da nossa linguagem comum! Deveriam as nossas proposições ser *de tal
modo* preparadas que pudessem ser matematicamente tra-
tadas? Decerto que sim! Quando se questiona as quantidades,
então não bastaria, por exemplo, uma expressão como «o
comprimento da mesa». Este comprimento deveria, porventura, definir-se como a distância entre dois planos, etc., etc.

Sim, as ciências matemáticas distinguem-se das não
matemáticas porque tratam de coisas de que a linguagem
comum não fala, ao passo que as últimas falam de coisas
geralmente conhecidas.—

21. 6. 15

A nossa dificuldade era, porém, a de falarmos sempre
de objectos simples e não sabermos mencionar um em particular.

Se o ponto no espaço não existisse, então também não
existiriam as coordenadas; e se as coordenadas existem,
então existe igualmente o ponto.— É assim na lógica.

O sinal simples é *essencialmente simples*.
Funciona como objecto simples. (Que quer isso dizer?)
A sua composição torna-se completamente *indiferente*.
Desaparece-nos da vista.

Aparentemente, é como se houvesse objectos complexos a funcionar como simples e, em seguida, também *realmente* simples, como os pontos materiais da física, etc.

Vê-se que um nome designa um objecto complexo a partir de uma indeterminação nas proposições em que ele ocorre; ela provém justamente da generalidade de tais proposições. *Sabemos* que nem tudo está ainda determinado mediante esta proposição. A designação de universalidade *contém* uma imagem originária. [*Cf.* 3.24.]

Todas as quantidades invisíveis, etc., etc. têm de ocorrer entre as designações de generalidade.

O que é que se passa, quando as proposições se aproximam da verdade?

Mas a lógica, tal como está nos *Principia Mathematica*, pode aplicar-se muito bem às nossas proposições habituais. Por exemplo, de «Todos os homens são mortais» e «Sócrates é um homem» segue-se, segundo esta lógica, que «Sócrates é mortal», o que é manifestamente correcto, muito embora, e com igual clareza, eu não saiba que estrutura tem a coisa Sócrates ou a propriedade da mortalidade. Estas funcionam aqui precisamente como objectos simples.

A circunstância que torna possível que certas formas sejam projectadas num nome por meio de uma definição garante já, evidentemente, que também este nome possa, em seguida, ser tratado como um nome real.

É manifesto a quem vir claro que uma proposição como «Este relógio está sobre a mesa» contém uma quantidade de indeterminação, apesar de a sua forma parecer totalmente clara e simples na sua aparênciaexterna. *Vemos*, pois, que esta simplicidade é meramente construída.

22. 6. 15

É, portanto, igualmente claro *ao espírito IMPARCIAL* que o sentido da proposição «o relógio está sobre a mesa» é mais complicado do que a própria proposição.

As convenções da nossa linguagem são extraordinariamente complicadas. A cada proposição acrescenta-se em pensamento muitíssimo que não é dito. (Estas convenções são exactamente como as «Conventions» de Whitehead. São definições com *uma certa generalidade da forma.*) [*Cf.* 4.002.]

Quero somente justificar a imprecisão das proposições habituais, pois ela *pode* justificar-se.

É claro: *sei* aquilo que com a proposição vaga *quero dizer*. Mas alguém não compreende e diz «sim, mas se tu queres dizer isso, terias de acrescentar — isto e isto»; então outrem não compreenderá e exigirá que a proposição seja ainda mais pormenorizada. Responderei então: sim, *mas* ISSO compreende-se *por* SI.

Se eu disser a alguém «o relógio está sobre a mesa», e ele afirmasse «sim, mas se o relógio estivesse assim e assado, dirias ainda 'ele está sobre a mesa'?» Eu ficaria inseguro. Isto mostra que eu não sabia o que queria dizer com «está» *em geral*. Se instassem muito comigo para me mostrar que eu não sabia o que queria dizer, afirmaria: «*Sei* o que quero dizer; quero dizer precisamente ISTO», e indicaria então com o dedo o complexo em questão. E neste complexo tenho, efectivamente, os dois objectos numa relação.— Mas tal *realmente* significa apenas: o facto pode, SEJA DE QUE MODO FOR, representar-se também mediante esta forma.

Ora, se eu fizer isso e designar os objectos com *nomes*, tornar-se-ão eles assim simples?
Mas esta proposição é uma imagem daquele complexo.

Este objecto é para *mim simples*!

Se, por exemplo, eu chamar «A» a uma barra qualquer, e «B» a uma esfera, posso então dizer acerca de A que está encostada à parede, mas não a propósito de B. Torna-se aqui perceptível a natureza interna de A e de B.

Quando um nome designa um objecto, então está com ele numa relação que é totalmente condicionada pela espécie lógica do objecto e que, de novo, a caracteriza.

E, claro está, o objecto deve ter uma determinada espécie lógica, é tão composto, ou tão simples, como ele justamente é.

«O relógio *está sentado* sobre a mesa» não tem sentido!

Só a parte composta da proposição pode ser verdadeira ou falsa.

O nome concentra num só toda a sua complexa referência.

---

15. 4. 16

Só podemos prever aquilo que construímos! [*Ver* 5.556.]

Mas onde é que fica então o conceito de objecto simples?

Este conceito nem vem sequer aqui à consideração.

Devemos poder construir as funções simples, porque temos de poder atribuir um significado a cada sinal.

Pois o sinal individual, que responde pelo seu significado, é função e argumento.

16. 4. 16

Toda a proposição simples se pode reduzir à forma ϕx.

Eis por que todas as proposições simples se podem compor a partir desta forma.

Supondo que me eram dadas *todas* as proposições simples: pode, então, perguntar-se que proposições posso a partir delas construir. E estas são *todas* as proposições, e estão *assim limitadas*. (4.51.)

(p): p = aRx.xRy ... zRb
(p): p = aRx.

17. 4. 16

A sobredita definição pode ser, na sua generalidade, apenas uma regra para a notação escrita, que nada tem a ver com o sentido dos sinais.
Mas poderá existir semelhante regra?

A definição só é possível se ela própria não for uma proposição.
Então, uma proposição não pode lidar com todas as proposições, mas só uma definição.

23. 4. 16

A sobredita definição não trata de todas as proposições, pois contém essencialmente variáveis reais. É completamente análoga a uma operação, cujo resultado próprio se pode também tomar como sua base.

26. 4. 16

Assim, e só assim, é possível progredir de um tipo para outro. [*Cf.* 5.252.]

E pode dizer-se que todos os tipos estão em hierarquias.

E a hierarquia só é possível por construção através de operações.

A realidade empírica está limitada pelo número dos objectos.
O limite mostra-se, mais uma vez, na totalidade das proposições simples. [*Ver* 5.5561]

As hierarquias são e devem ser independentes da realidade. [*Ver* 5.5561]
Os significados dos seus membros são determinados apenas pela correlação dos objectos e nomes.

27. 4. 16

Digamos que eu queria representar uma função de três argumentos não permutáveis entre si.
$$\phi(x): \qquad \phi(\ ), \qquad x$$

Mas dever-se-á, então, falar na lógica de argumentos não-permutáveis? Se sim, isso pressupõe, porém, algo acerca da constituição da realidade.

6. 5. 16

À mundividência dos modernos no seu todo está subjacente a ilusão de que as chamadas leis da natureza são explicações dos fenómenos naturais. [6.371.]

Detêm-se eles, por isso, nas «leis da natureza» como perante algo de *intocável*, tal como os antigos diante de Deus e do destino. [*Ver* 6.372.]

Uns e outros têm e não têm razão. Os antigos são, sem dúvida, mais claros, porquanto reconhecem uma conclusão nítida, ao passo que no novo sistema deve parecer como se *tudo* tivesse um fundamento. [*Ver* 6.372.]

11. 5. 16

|p |(a, a)

Há também operações com duas bases. E a operação «|» é desta espécie.

| (ξ, η)... é um membro arbitrário da série de resultados da operação.

$(\exists x) . \phi x$

Será, pois, $(\exists x)$ etc. realmente uma operação?

Mas qual seria a sua base?

11. 6. 16

Que sei eu acerca de Deus e da finalidade da vida?

Sei que este mundo existe.

Que estou nele como o meu olho no seu campo visual.

Que algo nele é problemático, a que chamamos o seu sentido.

Que este sentido não reside nele, mas fora dele. [*Cf.* 6.41.]

Que a vida é o mundo. [*Cf.* 5.621.]

Que a minha vontade penetra o mundo.

Que a minha vontade é boa ou má.

Que, portanto, o bem e o mal se conectam, de algum modo, com o sentido do mundo.

Ao sentido da vida, isto é, ao sentido do mundo, podemos chamar Deus.

E a metáfora de Deus como pai está a isso ligada.

Orar é pensar no sentido da vida.

Não posso dirigir os acontecimentos do mundo segundo a minha vontade, sou totalmente impotente.

Posso apenas tornar-me independente do mundo — e assim, de certo modo, dominá-lo — ao renunciar a uma influência sobre os acontecimentos.

5. 7. 16

O mundo é independente da minha vontade. [6.373.]

Mesmo se acontecesse tudo o que desejamos, isso seria, por assim dizer, uma graça do destino, pois não há nexo lógico algum entre vontade e mundo que tal garanta; e, mais uma vez, também não poderíamos querer o suposto nexo físico. [6.374.]

Se o bom ou mau querer tem um efeito sobre o mundo, só o pode ter sobre os limites do mundo, não sobre os factos, sobre o que não é representado através da linguagem, mas pode somente ser mostrado na linguagem. [*Cf.* 6.43.]

Em suma, o mundo tem assim de se tornar outro. [*Ver* 6.43.]

Ele deve, por assim dizer, crescer ou minguar como um todo. Como através do acréscimo ou decréscimo de um sentido. [*Cf.* 6.43.]

Tal como na morte, o mundo não se altera, mas deixa de ser. [6.431.]

6. 7. 16

E, neste sentido, Dostoievski tem decerto razão ao dizer que é feliz quem cumpre a finalidade da existência.

Ou também se poderia dizer, quem cumpre a finalidade da existência já não necessita de nenhuma outra finalidade além da vida. Ou seja, está satisfeito.

A solução do problema da vida percebe-se no desaparecimento deste problema. [*Ver* 6.521.]

Poder-se-á viver de tal modo que a vida deixe de ser problemática? Que se *viva* na eternidade, e não no tempo?

7. 7. 16

Não é esta a razão por que os homens a quem o sentido da vida, após longas dúvidas, se tornou claro, não conseguiam dizer em que consistia tal sentido? [*Ver* 6.521.]

Se posso pensar numa «*espécie* de objectos», sem saber se tais objectos existem, então devo para mim próprio ter construído a sua imagem originária.

Assentará nisto o método da mecânica?

8. 7. 16

Crer num Deus significa compreender a questão do sentido da vida.

Crer num Deus significa perceber que ainda nem tudo está decidido com os factos do mundo.

Crer em Deus significa perceber que a vida tem um sentido.

O mundo está-me *dado*, isto é, a minha vontade dirige-se ao mundo inteiramente a partir de fora como a algo já pronto.

(Ainda não sei o que é a minha vontade.)

Daí que tenhamos o sentimento de estarmos dependentes de uma vontade alheia.

Seja como for, somos, em todo o caso, e num certo sentido, dependentes e podemos chamar Deus àquilo de que somos dependentes.

Deus, neste sentido, seria simplesmente o destino ou, o que é a mesma coisa: o mundo — independente da nossa vontade.

Posso tornar-me independente do destino.

Há duas divindades: o mundo e o meu Eu independente.

Ou sou feliz ou infeliz, é tudo. Pode dizer-se: não existe o bem ou o mal.

Quem é feliz não deve ter medo. Nem sequer perante a morte.

Só é feliz quem não vive no tempo, mas no presente.

Para a vida no presente não há morte.

A morte não é um acontecimento da vida. Não é um facto do mundo. [*Cf.* 6.4311.]

Se por eternidade se entender não uma infinita duração temporal, mas a intemporalidade, então pode dizer-se que vive eternamente quem no presente vive. [*Ver* 6.4311.]

Para viver feliz, devo estar em consonância com o mundo. E tal *significa* «ser feliz».

Estou, então, em harmonia com aquela vontade alheia da qual, aparentemente, sou dependente. Isso significa: «Faço a vontade de Deus».

O medo perante a morte é o melhor sinal de uma vida falsa, isto é, má.

Se a minha consciência me priva do equilíbrio, então não estou em consonância com Algo. Mas o que é isso? Será *o mundo*?

É correcto, sem dúvida, dizer: a consciência é a voz de Deus.

Por exemplo: torna-me infeliz pensar que ofendi este e aquele. É isto a minha consciência?

Poder-se-á dizer: «Age segundo a tua consciência, seja ela qual for»?

Vive feliz!

9. 7. 16

Se não se pudesse indicar a forma proposicional mais geral, então deveria chegar um momento em que, de repente, faríamos uma nova experiência, por assim dizer, lógica.

Isto, claro está, é impossível.

Não esquecer que $(\exists x)fx$ não significa: há um x tal que fx, mas: há uma proposição verdadeira «fx».

A proposição fa fala de objectos determinados, a proposição geral de *todos* os objectos.

11. 7. 16

O objecto determinado é um fenómeno muito notável.

Em vez de «todos os objectos» poder-se-ia dizer: todos *os objectos determinados.*

Se estão dados todos os objectos determinados, estão dados «todos os objectos».

Em resumo, com os objectos determinados estão dados todo os objectos. [*Cf.* 5.524.]

Se há objectos, então há também «todos os objectos». [*Cf.* 5.524]

Eis por que se deve igualmente construir a unidade das proposições elementares e das proposições gerais.

Se estão dadas as proposições elementares, então estão assim igualmente dadas *todas* as proposições elementares e, deste modo, a proposição geral. — E não ficará assim já estabelecida a unidade? [*Cf.* 5.524.]

13. 7. 16

Sente-se constantemente que também na proposição elementar se trata de todos os objectos.

$(\exists x)\phi x.x = a$

Se são dadas duas operações que não se podem reduzir a *uma*, então deve ao menos poder estabelecer-se uma forma geral da sua combinação.

$$\phi x, \quad \psi y | \chi z \quad , \quad (\exists x). \quad , \quad (x).$$

Já que, pelos vistos, é possível esclarecer com facilidade como, com estas operações, se podem formar proposições, e como não se devem formar proposições, então também isso deve, *de algum modo*, poder expressar-se com exactidão.

14. 7. 16

E esta expressão deve também estar já dada na forma geral do sinal da operação.

Não deverá ser a única expressão legítima da aplicação da operação? Decerto que sim!

Pois se a forma da operação se pode em geral expressar, então deve sê-lo de tal modo que só *possa* ser correctamente aplicada.

O homem não se pode, sem mais, fazer feliz.

Quem vive no presente vive sem medo e sem esperança.

113

21. 7. 16

O que há com a vontade humana? Quero, antes de mais, chamar «vontade» ao detentor do bem e do mal.

Imaginemos um homem que não pudesse utilizar nenhum dos seus membros e, por isso, não pudesse, no sentido habitual, exercitar a sua *vontade*. Poderia, porém, pensar e *desejar* e comunicar a outrem os seus pensamentos. Poderia, portanto, fazer bem ou mal por meio de outro. É então claro que também para ele a ética teria validade, e ele é no *sentido ético* detentor de uma *vontade*.

Há, pois, uma distinção de princípio entre esta vontade e *aquela* que põe em movimento o corpo humano?

Ou consistirá aqui o erro em o *desejar* (respectivamente o pensar) ser já um acto da vontade? (E, neste sentido, o homem *sem* vontade não viveria.)

Mas será possível conceber um ser que só pudesse querer representar (porventura ver), mas não querer? Tal, seja em que sentido for, parece impossível. Mas se fosse possível, poderia então existir também um mundo sem ética.

24. 7. 16

O mundo e a vida são um. [5.621.]

A vida fisiológica não é, claro está, «a vida». E também não o é a vida psicológica. A vida é o mundo.

A ética não trata do mundo. A ética deve ser uma condição do mundo, como a lógica.

A ética e a estética são um. [*Ver* 6.421.]

29. 7. 16

Pois é um facto lógico que o desejo não se encontra em nenhuma conexão lógica com a sua realização. É igualmente claro que o mundo do feliz é *diferente* do mundo do infeliz. [*Cf.* 6.43.]

Será ver uma actividade?

É possível querer bem, querer mal e não querer?

Ou só é feliz quem *não* quer?

«Amar o próximo» significaria querer!

Podemos, porém, desejar e, todavia, não ser infelizes se o desejo não se tornar realidade? (E esta possibilidade subsiste, de facto, sempre.)

Será bom, segundo o conceito comum, *nada* desejar ao seu próximo, nem bem nem mal?

E, no entanto, num certo sentido, o não desejar parece ser o único bem.

Estou ainda a cometer aqui erros crassos! Sem dúvida nenhuma!

Em geral supõe-se que é mau desejar a outrem a infelicidade. Pode isto estar correcto? Pode ser pior do que desejar-lhe a felicidade ?

Parece que, por assim dizer, tudo depende de *como* se deseja.

Aparentemente, não se pode dizer mais do que: vive feliz!

O mundo dos felizes é um outro, diferente do dos infelizes [*Ver* 6.43]

O mundo dos felizes é *um mundo feliz.*

Pode, portanto, haver um mundo que não é nem feliz nem infeliz?

30. 7. 16

O primeiro pensamento no estabelecimento de uma lei ética geral da forma «tu deves...» é este: «E o que acontecerá, se eu não o fizer?»

É claro, porém, que a ética nada tem a ver com a punição e a recompensa. Portanto, a questão das consequências de uma acção será insignificante. Pelo menos, estas consequências não podem ser acontecimentos. Pois tem de haver algo correcto naquela questão. Deve, decerto, haver uma *espécie* de recompensa ética e de punição ética, mas estas têm de residir na própria acção.

E é também claro que a recompensa deve ser algo agradável, e a punição algo desagradável. [6.422.]

Digo isto recorrentemente, que a vida feliz é boa, a infeliz má. E se *agora* me interrogar: mas por que tenho eu justamente de viver feliz, tal parece-me ser por si uma pergunta tautológica; aparentemente, a vida feliz justifica-se por si própria, *é* a única vida correcta.

Tudo isto é em rigor, e num certo sentido, profundamente misterioso! *É claro* que a ética não se *pode* expressar! [*Cf.* 6.421.]

Mas poderia dizer-se o seguinte: a vida feliz, seja em que sentido for, parece ser *mais harmoniosa* do que a infeliz. Mas em qual??

Qual é a característica objectiva da vida feliz, harmoniosa? É, pois, de novo claro que não pode existir uma tal característica que se deixe *descrever*.

116

Esta característica não pode ser física; só pode ser uma característica metafísica, transcendente.

A ética é transcendente. [*Ver* 6.421.]

1. 8. 16

Como tudo se relaciona é Deus.

Deus é como tudo se relaciona.

Unicamente a partir da consciência da *singularidade da minha vida* brota a religião — a ciência — e a arte.

2. 8. 16

E esta consciência é a própria vida.

Poderá haver uma ética se, além de mim, não existir ser vivo algum?

Se a ética deve ser algo de fundamental: sim!

Se eu estiver certo, não basta, para o juízo ético, que seja dado um mundo.

O mundo não é, então, em si nem bom nem mau.

Pois para a existência da ética deve ser equivalente se, no mundo, há ou não matéria viva. E é claro que um mundo em que só há matéria morta não é, em si, nem bom nem mau; portanto, o mundo dos seres vivos também não pode ser em si nem bom nem mau.

O bem e o mal sobrevêm apenas através do *sujeito*. E o sujeito não pertence ao mundo, mas é um limite do mundo. [*Cf.* 5.632.]

Poder-se-ia dizer (à Schopenhauer): o mundo da representação não é nem bom nem mau, mas sim o sujeito que quer.

Estou consciente da plena obscuridade de todas estas proposições.

Segundo o acima dito, o sujeito volitivo deveria, pois, ser feliz ou infeliz, e a felicidade e a infelicidade não podem pertencer ao mundo.

Tal como o sujeito não é parte do mundo, mas um pressuposto da sua existência, assim são bom e mau predicados do sujeito, não propriedades no mundo.

Aqui a natureza do sujeito está completamente encoberta.

Sim, o meu trabalho estendeu-se dos princípios da lógica à natureza do mundo.

4. 8. 16

No fim de contas, não será o sujeito representante uma mera superstição?

Como percepcionar no mundo um sujeito metafísico? [*Ver* 5.633.]

Dizes que ele se comporta aqui tal e qual como no caso do olho e do campo visual. Mas, na realidade, *não* vês o olho. [*Ver* 5.633.]

E creio que nada, no campo visual, permite concluir que ele seja visto por um olho. [*Cf.* 5.633.]

5. 8. 16

O sujeito representante é, decerto, uma ilusão vazia. Mas o sujeito volitivo existe. [*Cf.* 5.631.]

Se não existisse a vontade, também não existiria aquele centro do mundo que chamamos Eu, e que é o portador da ética.

Bom e mau é essencialmente apenas o Eu, não o mundo.

O Eu, o Eu é o profundamente misterioso!

7. 8. 16
O Eu não é um objecto.

11. 8. 16
Estou objectivamente em face de cada objecto. Não em face do Eu.

Há, pois, na filosofia, um modo em que se pode, e deve, falar do Eu, *num sentido não psicológico*. [*Cf.* 5.641.]

12. 8. 16
O Eu aparece na filosofia porque o mundo é o *meu* mundo. [*Ver* 5.641.]

O campo visual não tem, decerto, uma forma assim:

[5.6331.]
Isto relaciona-se com o facto de nenhuma parte da nossa experiência ser *a priori*. [*Ver* 5.634.]

Tudo o que vemos poderia também ser diferente.
Tudo o que em geral podemos descrever poderia igualmente ser diferente. [*Ver* 5.634.]

13. 8. 16

Suponhamos que o homem não pudesse exercer a sua vontade, mas tivesse de sofrer toda a miséria do mundo, o que é que o poderia tornar feliz?

Como pode o homem ser feliz, se não consegue impedir a miséria deste mundo?

Mesmo através da vida do conhecimento.

A boa consciência é a felicidade que a vida do conhecimento consente.

A vida do conhecimento é a vida que é feliz, apesar da miséria do mundo.

Só é feliz a vida que pode renunciar à comodidade do mundo.
Para ela, as comodidades do mundo são apenas graças do destino.

16. 8. 16

Que um ponto não possa ser simultaneamente vermelho e verde, não tem de ser, à primeira vista, uma impossibilidade *lógica*. Mas o modo de expressão da física reduz o facto a uma impossibilidade cinética. Vê-se que entre o vermelho e o verde existe um diferença de estrutura.

E a física integra-os ainda numa série. E vê-se, então, como aqui se traz à luz a verdadeira estrutura dos objectos.

Que uma partícula não possa estar simultaneamente em dois lugares, parece antes uma impossibilidade *lógica*.

Perguntemos, por exemplo, porquê e assoma imediatamente o pensamento: chamaríamos diferentes às partículas que se encontrassem em dois lugares, e tudo isto, por seu turno, parece seguir-se da estrutura do espaço e das partículas. [*Cf.* 6.3751.]

17. 8. 16

A operação é a passagem de um membro ao seguinte numa série de formas.

Operação e série de formas são equivalentes.

29. 8. 16

A questão é saber se a habitual pequena quantidade de operações básicas basta para estabelecer todas as operações possíveis.

Parece que assim deve ser.

Pode também perguntar-se se, com aquelas operações fundamentais, será possível passar de cada expressão para todas as que são afins.

2. 9. 16

Vê-se aqui que o solipsismo, levado a cabo com rigor, coincide com o puro realismo.

O Eu do solipsismo encolhe-se até a um ponto sem extensão, e o que resta é a realidade que lhe está coordenada. [5.64.]

Que tem a História a ver comigo? O meu mundo é o primeiro e o único!

Quero relatar como *eu* deparei com o mundo.

O que outros no mundo me disseram acerca do mundo é uma parte mínima e secundária da minha experiência do mundo.

Eu tenho de julgar o mundo, de medir as coisas.

O Eu filosófico não é o homem, não é o corpo humano ou a alma humana com as propriedades psicológicas, mas o sujeito metafísico, o limite (não uma parte) do mundo. O corpo humano, porém, é o *meu* corpo em particular, é uma parte do mundo entre outras partes do mundo, entre animais, plantas, pedras, etc., etc. [*Cf.* 5.641.]

Quem tal percebe não quererá conceder ao seu corpo ou ao corpo humano um lugar privilegiado no mundo.

Considerará ingenuamente os homens e os animais como coisas semelhantes e correspondentes.

11. 9. 16

A maneira como a linguagem designa reflecte-se, de novo, no seu uso.

Que as cores não são propriedades mostra-o a análise da física, mostram-no as relações internas em que a física exibe as cores.

Aplique-se isto também aos sons.

12. 9. 16

Torna-se agora claro porque pensei eu que pensar e falar eram o mesmo. O pensar é uma espécie da linguagem. O pensamento é, decerto, *também* uma imagem lógica da proposição e, assim, é igualmente uma espécie de proposição.

19. 9. 16

A humanidade buscou sempre uma ciência em que persista o *simplex sigillum veri*. [*Cf.* 5.4541.]

Não pode haver um mundo ordenado ou desordenado, de modo que se possa dizer que o nosso mundo está ordenado. Mas em cada mundo possível existe uma ordem, ainda que complicada, tal como no espaço também não há distribuições ordenadas e desordenadas de pontos, mas cada distribuição de pontos é ordenada.

(Esta observação é somente material para um pensamento.)

A arte é uma expressão.

A boa obra de arte é a expressão consumada.

7. 10. 16

A obra de arte é o objecto visto *sub specie aeternitatis*; e a vida boa é o mundo visto *sub specie aeternitatis*. Tal é a conexão entre arte e ética.

O modo habitual de observação vê os objectos como que a partir do seu meio, a consideração *sub specie aeternitatis*, a partir de fora.

De tal modo que eles têm o mundo inteiro como plano de fundo.

Será que esse modo habitual de observação, porventura, vê o objecto *com* espaço e tempo, em vez de *no* espaço e tempo?

Cada coisa condiciona todo o mundo lógico, todo o espaço lógico, por assim dizer.

(Impõe-se o pensamento): a coisa vista *sub specie aeternitatis* é a coisa vista com todo o espaço lógico.

8. 10. 16

Como coisa entre coisas, cada coisa é igualmente insignificante; como mundo, cada uma é igualmente significativa.

Se tivesse contemplado o fogão e me dissessem: agora conheces apenas o fogão, o meu resultado parece, sem dúvida, mesquinho. Pois isso descreve o caso como se eu tivesse estudado o fogão entre muitas outras coisas do mundo. Mas se tivesse contemplado o fogão, *ele* seria o meu mundo, e tudo o mais, em comparação, empalideceria.

(Algo bom em relação ao todo, mas mal no pormenor.)

Pode entender-se a mera representação actual, quer como a vã imagem momentânea em todo o mundo temporal, quer como o mundo verdadeiro entre sombras.

9. 10. 16

Mas agora, finalmente, há que clarificar a conexão da ética com o mundo.

12. 10. 16

Uma pedra, o corpo de um animal, o corpo de um homem, o meu corpo, estão todos no mesmo nível.

Por isso, o que acontece, seja a partir de uma pedra ou do meu corpo, não é nem bom nem mau.

«O tempo tem só uma direccção» tem de ser um absurdo.

A unidireccionalidade é uma propriedade lógica do tempo.

Pois se a alguém se perguntasse como imagina a unidireccionalidade, diria: o tempo não teria só uma direccção se se pudesse repetir o acontecimento.

Mas a impossibilidade de repetição de um acontecimento, tal como um corpo não poder estar ao mesmo tempo em dois lugares, reside na natureza lógica do acontecimento.

É verdade: o homem *é* o microcosmos:
Sou o meu mundo. [*Cf.* 5.63.]

15. 10. 16

O que não se pode pensar também não se pode dizer. [*Cf.* 5.61.]

As coisas só obtêm «significado» através da sua relação com a minha vontade.

Pois «Cada coisa é o que é, e não outra coisa».

Uma opinião: assim como posso inferir da minha fisionomia o meu espírito (carácter, vontade), também infiro da fisionomia de cada coisa o *seu* espírito (vontade).

Mas poderei *inferir* da minha fisionomia o meu espírito?

Não será esta relação puramente empírica?

Exprime o meu corpo alguma coisa?
Será ele próprio a expressão interior de algo?

Está, porventura, o rosto zangado em si mesmo zangado, ou só porque está empiricamente ligado ao mau humor?

Mas é claro que o nexo causal não é nexo nenhum. [*Cf.* 5.136.]

Será, pois, verdade que o meu carácter, segundo a concepção psicofísica, se expressa só na estrutura *do meu* corpo ou do meu cérbero, e não na estrutura de todo o resto do mundo?
Aqui reside o busílis.

Existe pois, em rigor, este paralelismo entre o meu espírito, isto é, o espírito, e o mundo.

Repara apenas que o espírito da serpente, do leão, é o *teu* espírito. Só a partir de ti é que conheces o espírito.

Surge, decerto, a questão de por que é que dei à serpente justamente este espírito.

E a resposta a tal respeito só pode residir no paralelismo psicofísico: se eu tivesse a aparência da serpente e fizesse o que ela faz, seria assim e assado.

O mesmo para os elefantes, as moscas e as vespas.

Mas pergunta-se se, precisamente aqui (e decerto que assim é), o meu corpo não estará no mesmo nível que o das vespas e da serpente, de modo que não inferi o meu do corpo das vespas, nem do meu inferi o das vespas.

Será esta a solução do enigma por que é que os homens sempre acreditaram que existia *um* espírito comum a todo o mundo?

E então este seria, decerto, igualmente comum às coisas inanimadas.

Eis o caminho que percorri: o idealismo separa os homens do mundo como único, o solipsismo separa-me só a mim; e, finalmente, vejo que também pertenço ao resto do mundo; logo, por um lado, *nada* resta, por outro, como único, *o mundo*. Assim, o idealismo rigorosamente pensado a fundo conduz ao realismo. [*Cf.* 5.64.]

17. 10. 16

E, neste sentido, posso falar também de uma vontade comum a todo o mundo.

Mas esta vontade é, num sentido mais elevado, a *minha* vontade.

Assim como a minha representação é o mundo, assim também a minha vontade é a vontade de mundo.

20. 10. 16

É claro que o meu espaço visual é diversamente constituído segundo se trate do comprimento ou da largura.

As coisas não se passam de tal modo que eu simplesmente repare em mim, em toda a parte onde vejo algo, mas que me encontro sempre num determinado ponto do meu espaço visual; o meu espaço visual tem, por assim dizer, uma forma.

Mas, apesar de tudo, é verdade que não vejo o sujeito.

É verdade que o sujeito cognitivo não está no mundo, que não há sujeito cognitivo. [*Cf.* 5.631.]

Posso, em todo o caso, imaginar que realizo o acto de vontade para alçar o meu braço, mas que o meu braço não se mexe. (Um tendão sofreu, por exemplo, uma rotura.) Sim, mas dir-se-á que, não obstante, o tendão se mexe, e tal mostra justamente que o meu acto de vontade se relacionou com o tendão, e não com o braço. Avancemos, porém, e suponhamos que o tendão não se mexeu e assim sucessivamente. Chegaríamos, então, à conclusão de que o acto de vontade não se refere a um corpo, que, portanto, não há nenhum acto de vontade, no sentido usual da palavra.

O milagre estético é que o mundo exista. Que exista o que existe.

Será que a essência do modo artístico de observação consiste em ele ver o mundo com um olhar feliz?

Grave é a vida, risonha a arte[7].

([7]) Schiller, prólogo a *Wallensteins Lager*.

21. 10. 16

Há, decerto, alguma coisa na concepção de que o belo seria a finalidade da arte.

E o belo é precisamente aquilo que torna feliz.

29. 10. 16

Não se poderia dizer: a generalidade não está mais coordenada com a composição do que o facto com a coisa?

Ambos os tipos de sinais de operação devem ou podem ocorrer lado a lado na proposição.

4. 11. 16

Será a vontade uma tomada de posição face ao mundo?

A vontade deve, aparentemente, referir-se sempre a uma representação. Não podemos, por exemplo, imaginar que realizámos um acto de vontade sem ter notado que o realizámos.

Senão poderia surgir a questão de se ele já foi *completamente* realizado.

É claro, por assim dizer, que precisamos de um suporte no mundo para a vontade.

A vontade é uma tomada de posição do sujeito perante o mundo.

O sujeito é o sujeito volitivo.

Terão os sentimentos que me convencem do processo de um acto de vontade alguma propriedade particular que os distinga das outras representações?

Parece que não!

Poderia, então, pensar-se que cheguei à conclusão de que, por exemplo, esta cadeira obedece directamente à minha vontade.

É isto possível?

Ao desenhar o quadrado ⊠ no espelho, nota-se que tal só se pode levar a cabo, abstraindo totalmente da imagem visual e recorrendo apenas à sensação muscular. Trata-se aqui, pois, de dois actos de vontade de todo diferentes. Um refere-se à parte visual do mundo, o outro à parte da sensação muscular.

Teremos nós mais do que a evidência empírica de que, em ambos os casos, se trata do movimento da mesma parte corporal?

Será que então apenas acompanho as minhas acções com a minha vontade?

Como posso, porém, pressupor — e, em certo sentido, consigo fazê-lo — que dentro de cinco minutos alçarei o meu braço? Que irei querer isto?

Claro está: é impossível querer sem realizar já o acto de vontade.

O acto de vontade não é a causa da acção, mas a própria acção.

Não se pode querer sem agir.

Se a vontade deve no mundo ter um objecto, então este pode também ser a acção intentada.

E a vontade deve ter um objecto.

Caso contrário, não teríamos nenhum suporte e não poderíamos saber o que queremos.

E não poderíamos querer o diferente.

Pois não acontece o movimento voluntário do corpo justamente como todo o movimento involuntário no mundo, só que é acompanhado pela vontade?

Não é, porém, acompanhado só pelo *desejo*! Mas pela vontade.

Sentimo-nos, por assim dizer, responsáveis pelo movimento.

A minha vontade toca algures no mundo e, por sua vez, não pega noutras coisas.

Desejar não é agir. Mas querer é agir.

(O meu desejo refere-se, por exemplo, ao movimento da cadeira, a minha vontade a uma sensação muscular.)

Que eu queira um processo consiste em levar a cabo o processo, e não em fazer algo diferente que cause o processo.

Se movo algo, então movo-me.

Se desempenho uma acção, então actuo.

Mas: não posso querer tudo. —

Mas que quer dizer: «Não posso querer *isto*.»

Posso, pois, tentar querer algo?

Aparentemente, graças à consideração da vontade, é como se uma parte do mundo me estivesse mais próxima do que outra (o que seria insuportável).

Mas é inegável que, num sentido popular, faço certas coisas e outras não.

A vontade não estaria, pois, face ao mundo como seu equivalente, o que deve ser impossível.

O desejo precede o acontecimento, a vontade acompanha-o.

Suponhamos que um processo devia acompanhar o meu desejo. Teria eu querido o processo?

Não pareceria este acompanhamento acidental em contraste com o acompanhamento constringente do querer?

9. 11. 16

Será a fé uma experiência?
Será o pensamento uma experiência?

Toda a experiência é mundo e não necessita do sujeito.

O acto de vontade não é uma experiência.

19. 11. 16

Que fundamento existe para a suposição de um sujeito volitivo?

Não bastará, por sua vez, *o meu mundo* para a individuação?

21. 11. 16

Que é possível estabelecer a forma geral da proposição significa apenas: cada forma possível da proposição deve poder *prever-se*.

E *isto* significa: nunca podemos encontrar uma forma da proposição da qual pudéssemos dizer: não se pôde prever que há algo assim.

Pois tal significaria que teríamos de fazer uma nova experiência que, primeiro, possibilitou esta forma de proposição.

Portanto: a forma geral da proposição deve poder estabelecer-se, porque as formas possíveis da proposição têm de ser *a priori*. Porque as formas possíveis da proposição são *a priori* é que existe a forma geral da proposição.

Aqui é de todo indiferente se as operações fundamentais dadas, mediante as quais devem surgir todas as proposições, vão elas próprias além do nível lógico, ou se permanecem dentro desse nível.

Uma proposição, que alguma vez pudéssemos vir a formar, teríamos também de a poder agora construir.

Necessitamos agora da clarificação do conceito da função atomística e do conceito «e assim por diante».

O conceito «e assim por diante», simbolizado pelo sinal «...», é um dos mais importantes e, como todos os outros, infinitamente fundamental.

Só por ele é que estamos autorizados a construir a lógica, respectivamente a matemática, «assim por diante» a partir das leis fundamentais e dos sinais primitivos.

O «e assim por diante» surge imediatamente no próprio começo da lógica antiga, quando se diz que, após a especificação dos sinais primitivos, podemos desenvolver um sinal depois de outro «e assim sucessivamente».

Sem este conceito, deter-nos-íamos simplesmente nos sinais primitivos e não poderíamos ir «*por diante*».

O conceito «e assim por diante» é equivalente ao conceito de operação. [*Cf.* 5.2523]

Depois do sinal da operação, segue-se o sinal «...», o qual significa que o resultado da operação pode, por seu turno, tomar-se como base da mesma operação, «e assim por diante».

22. 11. 16

O conceito da operação é, de modo muito geral, aquele segundo o qual se podem construir sinais de acordo com uma regra.

23. 11. 16

Em que assenta a possibilidade da operação?

No conceito geral da semelhança estrutural.

Tal como concebo, por exemplo, as proposições elementares, algo lhes deve ser comum; senão eu não poderia falar de todas elas colectivamente como «proposições elementares».

Devem, pois, também poder ser desenvolvidas umas a partir das outras como resultados de operações.

Pois se a duas proposições elementares é realmente comum algo que não é comum a uma proposição elementar e a uma composta, então a este elemento comum deve, de algum modo, poder dar-se uma expressão geral.

24. 11. 16

Se a característica geral da operação for conhecida, então será claro em que componentes elementares consiste sempre uma *operação*.

Se se encontrou a forma geral da operação, então achámos também a forma geral da ocorrência do conceito «e assim por diante».

26. 11. 16

Todas as operações são compostas de operações fundamentais.

28. 11. 16

Um facto ou está contido noutro, ou é dele independente.

2. 12. 16

A semelhança da indicação de generalidade com o argumento mostra-se quando, em vez de ϕa, escrevemos $(ax)\phi x$. [*Cf.* 5.523.]

Poder-se-iam também introduzir os argumentos de modo a que entrassem apenas num lado do sinal de igualdade. Portanto, sempre segundo a analogia de «(Ex).$\phi x.x = a$» em vez de «ϕa».

O método correcto na filosofia seria, em rigor, nada dizer excepto o que se pode dizer, portanto, o que pertence à ciência da natureza, logo, algo que nada tem a ver com filosofia, e em seguida, sempre que alguém quisesse dizer algo metafísico, mostrar-lhe que não atribuiu referência alguma a certos sinais nas suas proposições. [*Ver* 6.53.]

Este método seria insatisfatório para outrem (não teria a sensação de que lhe estávamos a ensinar filosofia), mas seria decerto o único correcto. [*Ver* 6.53.]

7. 1. 17

No sentido em que há uma hierarquia das proposições, há também, claro está, uma hierarquia das verdades e das negações, etc.

Mas no sentido em que há, na acepção mais geral, proposições, há apenas uma verdade e uma negação.

Este sentido obtém-se a partir daquele, porquanto a proposição foi em geral concebida como o resultado de *uma* operação, que gera todas as proposições a partir do nível inferior, etc.

O nível inferior e a operação podem representar toda a hierarquia.

8. 1. 17

É claro que o produto lógico de duas proposições elementares nunca pode ser uma tautologia. [*Cf.* 6. 3751.]

Se o produto lógico de duas proposições for uma contradição, e se as proposições forem, aparentemente, proposições elementares, ver-se-á que, neste caso, as aparências enganam. (Por exemplo: A é vermelho e A é verde.)

10. 1. 17

Se o suicídio é permitido, então tudo é permitido.

Se algo não é permitido, então o suicídio não é permitido.

Isto esclarece a essência da ética. Pois o suicídio é, por assim dizer, o pecado elementar.

E quando ele é investigado, é como se investigássemos o vapor do mercúrio a fim de apreender a natureza dos vapores.

Ou, então, também o suicídio não é, em si, nem bom nem mau!

APÊNDICE I

NOTAS SOBRE LÓGICA
por
Ludwig Wittgenstein, 1913

Sumário

Uma razão para pensar que a antiga notação está errada é esta: é muito improvável que de toda a proposição p se deva seguir um número infinito de outras proposições não-não-p, não-não-não-não-p, etc. [*Cf.* 5.43.]

Se só os signos que contêm nomes próprios fossem complexos, então as proposições que nada mais contêm além de variáveis aparentes seriam simples. Mas que se passaria então com as suas negações?

O verbo de uma proposição não pode ser «é falso» ou «é verdadeiro», mas qualquer que seja verdadeira ou falsa tem de conter já o verbo. [*Ver* 4.063.]

As inferências só se processam de acordo com as leis da dedução, mas estas leis não podem justificar a dedução.

Uma razão para supor que nem todas as proposições com mais de um argumento são proposições relacionais é que, se o fossem, as relações do juízo e de inferência teriam de ser válidas entre um número arbitrário de coisas.

Toda a proposição que, aparentemente, é acerca de um complexo pode ser analisada numa proposição acerca dos seus constituintes e acerca da proposição que descreve perfeitamente o complexo, isto é, uma proposição que equivale a dizer que o complexo existe [*Cf.* 2.0201.]

A ideia de que as proposições são nomes de complexos sugere que o que quer que não seja um nome próprio é um sinal para uma relação. Porque os complexos[1] espaciais consistem apenas em Coisas e Relações e a ideia de um complexo é extraída do espaço.

Convertam-se, numa proposição, todos os seus indefiníveis em variáveis; resta, então, uma classe de proposições que não é todas as proposições, mas um tipo [*Cf.* 3.315.]

Há, assim, dois modos em que os signos são similares. Os nomes «Sócrates» e «Platão» são similares: ambos são nomes. Mas o que quer que tenham em comum não se pode introduzir antes de «Sócrates» e «Platão» serem introduzidos. O mesmo se aplica a uma forma de sujeito-predicado, etc. Por conseguinte, coisa, proposição, forma de sujeito-predicado, etc., não são indefiníveis, isto é, os tipos não são indefiníveis.

Quando dizemos A julga que etc., então temos de mencionar toda a proposição que A julga. Não basta mencionar apenas os seus constituintes, ou os seus constituintes e a forma, mas não na ordem correcta. Isto mostra que a própria proposição deve ocorrer no enunciado que é objecto de juízo; contudo, por exemplo, «não-p» pode ser explicado, a questão acerca do que é negado tem de ter um sentido.

Para se compreender uma proposição p não basta saber que p implica «'p' é verdadeiro», mas temos de saber também que $\sim p$ implica «p é falso». Isto mostra a bipolaridade da proposição.

A toda a função molecular corresponde um esquema WF[2]. Por conseguinte, podemos usar o próprio esquema WF em vez da função. O que o esquema WF faz é correlacionar as letras W e F com cada proposição. Estas duas letras são os pólos das proposições atomísticas. O esquema correlaciona então outros W e F com estes pólos. Nesta notação, o que importa é a correlação dos pólos exteriores com os pólos das proposições atomísticas. Por conseguinte, não-não-p é o mesmo símbolo que p.

---

[1] Russell, por exemplo, imagina cada facto como um complexo espacial.

[2] W-F= *Wahr-Falsch*, isto é, Verdadeiro-Falso.

E, por conseguinte, nunca obteremos dois símbolos para a mesma função molecular.

O significado de uma proposição é o facto que realmente lhe corresponde.

Tal como as funções ab das proposições atomísticas são proposições bipolares, podemos também executar operações *ab* sobre elas. Ao fazê-lo, devemos correlacionar dois novos pólos exteriores mediante os antigos pólos exteriores com os pólos das proposições atómicas.

O facto simbolisante em a-p-b é que, SUPONHAMOS[3] *a* está à esquerda de p e b à direita de p; então a correlação dos novos pólos deverá ser transitiva, de modo que, por exemplo, se um novo pólo *a*, qualquer que seja o modo, a saber, mediante quaisquer pólos, estiver correlacionado com o *a* interior, o símbolo não será modificado por isso. É, pois, exequível construir todas as funções *ab* possíveis, executando repetidamente uma operação *ab*, e podemos, portanto, falar de todas as funções *ab* como de todas aquelas funções que se podem obter, executando repetidamente esta operação *ab*.

Nomear é como apontar. Uma função é como uma linha que divide dois pontos de um plano em esquerda e direita; então «p ou não-p» não tem significado, porque não divide o plano.

Embora uma proposição particular «p ou não-p» não tenha significado, uma proposição geral «para todos os p, p ou não-p» tem um significado, porque isto não contém a proposição sem sentido «p ou não-p», mas a função «p ou não-q», tal como «para todos os x, xRx» contém a função «xRq».

Uma proposição é um padrão com que os factos se relacionam, com os nomes é diferente; é assim que a bipolaridade e o sentido surgem; assim como uma seta se relaciona com

---

(3) Isto é bastante arbitrário, mas, se tivermos escolhido a que ordem os pólos têm de se conformar, devemos, claro, pautar-nos pela nossa convenção. Se, por exemplo, «apb» disser p, então bpa não diz *nada*. (Não diz $\sim$p) Mas a–apb–b é o mesmo símbolo que apb (aqui a função ab desaparece automaticamente), pois aqui os novos pólos estão relacionados com o mesmo lado de p, tal como os antigos. A questão é sempre: como se correlacionam os novos pólos com p, em comparação com o modo em que os antigos pólos estão correlacionados com p.

outra, sendo do mesmo sentido ou do sentido oposto, assim um facto se relaciona com uma proposição.

A forma de uma proposição tem sentido do seguinte modo. Considere-se um símbolo «xRy». A símbolos desta forma correspondem pares de coisas cujos nomes são respectivamente «x» e «y». As coisas xy estão uma para a outra em toda a espécie de relações, entre outras algumas estão na relação R, e outras não; tal como selecciono uma coisa particular através de um nome particular, selecciono todos os comportamentos dos pontos x e y a respeito da relação R. Digo que se um x está na relação R com um y, o sinal «xRy» deverá ser chamado verdadeiro para o facto e falso de outro modo. Isto é uma definição de sentido.

Na minha teoria, p tem o mesmo significado do que não--p, mas o sentido oposto. O significado é o facto. A teoria correcta do juízo tem de tornar impossível fazer juízos sem sentido. [*Cf.* 4. 0621 e 5.5422.]

Não é estritamente verdade dizer que compreendemos uma proposição p, se soubermos que p é equivalente a «p é verdadeiro», pois assim aconteceria se ambos fossem acidentalmente verdadeiros ou falsos. O que se pretende é a equivalência formal a respeito das formas da proposição, isto é, todos os indefiníveis gerais implicados. *O sentido de* uma função ab de uma proposição é uma função do *seu* sentido. Só existem proposições não afirmadas. A afirmação é meramente psicológica. Em *não-p*, p é exactamente o mesmo como se estivesse sozinho, este ponto é absolutamente fundamental. Entre os factos que tornam «p ou q» verdadeira, há também factos que tornam «p e q» verdadeira; se as proposições só têm significado, devemos, em tal caso, dizer que estas duas proposições são idênticas, mas, de facto, o seu sentido é diferente, pois introduzimos sentido ao falar de todos os p e todos os q. Consequentemente, as proposições moleculares serão usadas somente em casos em que a sua função ab esteja sob o sinal da generalidade ou entre noutra função tal como «Acredito que, etc.», porque então entra o sentido. [*Cf.* 5.2341.]

Em «a julga p» p não pode ser substituído por um nome próprio. Isto manifesta-se se substituirmos «a julga que p é verdadeiro e não p é falso». A proposição «a julga p» consiste no nome próprio a, na proposição p com os seus dois pólos, e estando *a* em relação com estes dois pólos de um certo modo. Não se trata, decerto, de uma relação no sentido comum.

A notação *ab* torna claro que *não* e *ou* são interdependentes e, portanto, não podemos usá-los como indefiníveis simultâneos. Algumas objecções no caso de variáveis aparentes para antigos indefiníveis, como no caso das funções moleculares. A aplicação da notação *ab* a proposições de variáveis aparentes torna-se clara se considerarmos que, por exemplo, a proposição «para todo o x, ϕx» deverá ser verdadeira, quando ϕx for verdadeira para todos os x e falsa quando ϕx for falsa para alguns x. Vemos que *alguns* e *todos* ocorrem simultaneamente na própria notação de variável aparente.

A notação é:

> para (x)ϕx: a-(x)-aϕxb-($\exists$x)-b   e
> para ($\exists$x)ϕx: a-($\exists$x)-aϕxb-(x)-b

As antigas definições tornam-se agora tautológicas.

Em «aRb» não é o complexo que simboliza, mas o facto de o símbolo «a» estar numa certa relação com o símbolo «b». Assim, os factos são simbolizados por factos, ou mais correctamente: que uma coisa seja o caso no símbolo diz que determinada coisa é o caso no mundo. [*Cf.* 3.1432.]

Juízo, pergunta e ordem estão todos no mesmo nível. O que neles interessa à lógica é apenas a proposição não afirmada. Os factos não podem ser nomeados.

Uma proposição não pode ocorrer em si mesma. Esta é a verdade fundamental da teoria dos tipos. [*Cf.* 3.332.]

Toda a proposição que diz algo indefinível acerca de uma coisa é uma proposição de sujeito-predicado, e assim por diante.

Por conseguinte, podemos reconhecer uma proposição de sujeito-predicado, se soubermos que ela contém somente um nome e uma forma, etc. Isto oferece a construção dos tipos. Daí ser possível reconhecer o tipo de uma proposição apenas pelo seu símbolo.

CADERNOS • 1914-1916

Essencial numa correcta notação de variável aparente é isto: — (1) deve mencionar um tipo de proposições; (2) deve mostrar que componentes de uma proposição deste tipo são constantes.

[As componentes são formas e constituintes.]

Considere-se $(\phi).\phi!x..$ Então, se descrevermos a *espécie* de símbolos que «$\phi!$» representa e que, segundo o que acima foi dito, basta para determinar o tipo, então automaticamente «$(\phi).\phi!x$» não pode ser ajustada por esta descrição, porque CONTÉM «$\phi!x$» e a descrição deve descrever TUDO o que simboliza em símbolos da espécie $\phi!$ Se a descrição fica assim completa, os círculos viciosos só podem ocorrer tão-pouco como, por exemplo, $(\phi).(x)\phi$ (em que $(x)\phi$ é uma proposição de sujeito-predicado).

PRIMEIRO MANUSCRITO

Os indefiníveis são de dois géneros: nomes e formas. As proposições não podem consistir apenas em nomes; não podem ser classes de nomes. Um nome pode não só ocorrer em duas proposições diferentes, mas de igual modo em ambas.

As proposições (que são símbolos com referência a factos) são elas próprias factos: que este tinteiro está na minha mesa exprime que eu estou sentado nesta cadeira. [*Cf.* 2.141 e 3.14.]

Que designemos dois objectos pelo mesmo nome, mas com dois modos de designação diferentes, nunca pode exprimir a característica comum aos dois, pois, em virtude de os nomes serem arbitrários, poderíamos também escolher nomes diferentes, e onde estaria, então, o elemento comum nas designações? Contudo, é-se sempre tentado, numa dificuldade, a tomar como abrigo os diferentes modos de designação. [*Cf.* 3.322.]

Disse Frege: «as proposições são nomes»; e Russell afirmou: « as proposições correspondem a complexos». Ambos estão errados; e especialmente errado é o enunciado: «as proposições são nomes de complexos». [*Cf.* 3.143.]

É fácil supor que só os símbolos que contêm nomes de objectos são complexos, e, como tal, «$(\exists x,\phi) . \phi x$» ou «$(\exists x,y)$

142

APÊNDICE I 1913

. xRy» têm de ser simples. É natural, então, chamar ao primeiro destes o nome de uma forma, ao segundo o nome de uma relação. Mas, nesse caso, qual é o significado de, por exemplo, «∼(∃x,y)xRy»? Podemos pôr «não» antes de um nome?

A razão por que «∼Sócrates» nada significa é que «∼x» não exprime uma propriedade de x.

Há factos positivos e factos negativos: se a proposição «esta rosa é não vermelha» for verdadeira, então o que ela significa é negativo. Mas não o indica a ocorrência da palavra «não», a menos que saibamos que a significação da proposição «esta rosa é vermelha» (quando for verdadeira) é positiva. É só a partir de ambas, da negação e da proposição negada, que podemos concluir por uma característica da significação da proposição inteira. (Não estamos aqui a falar de negações de proposições gerais, isto é, das que contêm variáveis aparentes. Os factos negativos só justificam as negações de proposições atomísticas.)

Há factos *positivos* e *negativos*, mas não factos *verdadeiros* e *falsos*.

Se passarmos por alto o facto de as proposições terem um *sentido* que é independente da sua verdade ou falsidade, facilmente parece que verdadeiro e falso são duas relações também justificadas entre o sinal e o que é significado. (Poderíamos então dizer, por exemplo, que *«q» significa* de modo verdadeiro o que «não-*q» significa* no modo falso.) Mas não são verdadeiro e falso igualmente justificados? Não poderíamos exprimir-nos mediante proposições falsas tão bem como até agora com as verdadeiras, na medida em que sabemos que elas são falsamente intentadas? Não! Pois uma proposição é, então, verdadeira quando ela é como afirmamos nesta proposição; e, em conformidade, se por *«q»* queremos dizer «não-*q»*, e é como queremos afirmar, então, na nova interpretação *«q»* é realmente verdadeiro e *não* falso. Mas é importante que possamos intentar o mesmo com *«q»* e com «não-*q»*, pois isso mostra que nem ao símbolo «não» nem à maneira da sua combinação com *«q»* corresponde uma característica da denotação de *«q»*. [*Cf.* 4.061, 4.062, 4.0621.]

143

Segundo Manuscrito

Temos de conseguir compreender proposições que nunca ouvimos. Mas cada proposição é um novo símbolo. Daí que tenhamos de dispor de símbolos indefiníveis *gerais*; estes são inevitáveis, se as proposições não forem todas indefiníveis. [*Cf*. 4.02, 4.021, 4.027]

Seja o que for que corresponda na realidade às proposições compostas não deve ser mais do aquilo que corresponde às suas várias proposições atomísticas.

Não só a lógica não tem de lidar com coisas (particulares), mas tão-pouco com relações e predicados.

Não há proposições que contenham variáveis reais.

O que na realidade corresponde a uma proposição depende de se é verdadeira ou falsa. Mas temos de ser capazes de compreender uma proposição, sem saber se ela é verdadeira ou falsa.

O que sabemos quando compreendemos uma proposição é isto: sabemos o que é o caso se a proposição for verdadeira, e o que é o caso se for falsa. Mas não sabemos (necessariamente) se ela é verdadeira ou falsa [*Cf*. 4.024.]

As proposições não são nomes.

Nunca podemos distinguir um tipo lógico de outro, atribuindo uma propriedade a membros de um que negamos aos membros do outro.

Os símbolos não são o que parecem ser. Em «aRb», «R» parece um substantivo, mas não é. O que se simboliza em «aRb» é que R ocorre entre *a* e *b*. Daí que «R» *não* seja o indefinível em «aRb». De igual modo, em «ϕx», «ϕ» parece um substantivo, mas não é; em «$\sim$p», «$\sim$» parece-se com «ϕ», mas não é como ele. Eis a primeira coisa que indica que *pode* não haver constantes lógicas. Uma razão contra elas é a generalidade da lógica: a lógica não pode tratar uma série especial de coisas. [*Cf*. 3.1423.]

As proposições moleculares nada contêm para além do que está contido nos seus átomos; não acrescentam informação material além da que está contida nos seus átomos.

Tudo o que é essencial acerca das funções moleculares é

APÊNDICE I 1913

o seu esquema V-F (isto é, o enunciado dos casos quando são verdadeiros e dos casos quando são falsos).

A indefinibilidade alternativa mostra que os indefiníveis não foram alcançados.

Toda a proposição é essencialmente verdadeira-falsa: para compreendê-la, temos de saber quer o que tem de ser o caso se for verdadeira, quer o que tem de ser o caso se for falsa. Assim, uma proposição tem dois *pólos*, correspondendo ao caso da sua verdade e ao caso da sua falsidade. Chamamos a isto o *sentido* de uma proposição.

No tocante à notação, é importante notar que nem toda a característica do símbolo simboliza. Em duas funções moleculares que têm o mesmo esquema V-F, o que simboliza tem de ser o mesmo. Em «não-não-p», «não-p» não ocorre; pois «não-não-p» é o mesmo que «p» e, por conseguinte, se «não-p» ocorresse em «não-não-p», ocorreria em «p».

Os indefiníveis lógicos não podem ser predicados ou relações, porque as proposições, devido ao sentido, não podem ter predicados ou relações. Nem «não» e «ou», como o juízo, são *análogos* a predicados ou relações, porque nada introduzem de novo.

As proposições são sempre complexas, mesmo se não contiverem nomes.

Uma proposição tem de estar compreendida quando *todos* os seus indefiníveis estão compreendidos. Os indefiníveis em «aRb» são introduzidos como se segue:

«a» é indefinível;

«b» é indefinível;

Seja o que for que «x» e «y» podem significar, «xRy» diz algo indefinível acerca do seu significado. [*Cf.* 4.024.]

Um símbolo complexo nunca pode ser introduzido como indefinível singular. [Assim, por exemplo, nenhuma proposição é indefinível.] Pois se uma das suas partes ocorrer também noutra conexão, deve aí ser reintroduzido. E significaria o mesmo?

Os modos pelos quais introduzimos os nossos indefiníveis devem permitir-nos construir todas as proposições que têm sentido apenas a partir destes indefiníveis. É fácil introduzir «todos» e «alguns» de um modo que tornará possível a construção de (digamos) «(x,y).xRy» a partir de «todos» e «xRy» *tal como anteriormente introduzidos.*

Terceiro Manuscrito

Uma analogia para a teoria da verdade: considere-se uma mancha negra em papel branco; podemos, então, descrever a forma da mancha dizendo, para cada ponto da superfície, se é branco ou preto. Ao facto de um ponto ser preto corresponde um facto positivo, ao facto de um ponto ser branco (não preto) corresponde um facto negativo. Se eu designar um ponto da superfície (um dos «valores de verdade» de Frege), é como se estabelecesse uma assunção que deveria ser decidida. Mas, a fim de ser capaz de dizer de um ponto que ele é preto ou que é branco, tenho de saber primeiro quando se deve chamar preto a um ponto e quando se lhe deve chamar branco. Para ser capaz de dizer que «p» é verdadeiro (ou falso), tenho, primeiro, de ter determinado sob que circunstâncias chamo verdadeira a uma proposição, e é assim que determino o sentido de uma proposição. O ponto em que a analogia falha é este: posso indicar um ponto do papel que é branco e preto[4], mas nada corresponde a uma proposição sem sentido, pois ela não designa uma coisa (valor de verdade), cujas propriedades se poderiam dizer «falsa» ou «verdadeira», o verbo de uma proposição não é «é verdadeiro» ou «é falso», como Frege pensa, mas aquilo que é verdadeiro tem de conter já o verbo. [*Cf.* 5.132.]

A comparação de linguagem e realidade é como a da imagem retiniana e a imagem visual: ao ponto cego nada parece corresponder na imagem visual; os limites do ponto cego determinam assim a imagem visual — como as negações verdadeiras das proposições atomísticas determinam a realidade.

As inferências lógicas podem, é verdade, fazer-se de acordo com as leis da dedução de Frege ou de Russell, mas isto não pode justificar a inferência; por conseguinte, elas não

---

[4] *Sic* no manuscrito de Russell; mas uma comparação com o *Tractattus* mostra que «sem saber» caiu a seguir a «papel».

APÊNDICE I 1913

são proposições primitivas da lógica. Se p se segue de q, também pode ser inferido de q, e a «maneira da dedução» é indiferente.

Os símbolos que são chamados proposições em que «ocorrem variáveis» não são, na realidade, proposições, mas apenas esquemas de proposições, que só se tornam proposições quando substituímos as variáveis por constantes. Não há nenhuma proposição que seja expressa por «x=x», pois «x» não tem significação, mas há uma proposição «(x).x=x» e proposições tais como «Sócrates=Sócrates», etc.

Em livros sobre lógica, não deviam ocorrer variáveis, mas só proposições gerais que justifiquem o uso de variáveis. Segue-se que as chamadas definições da lógica não são definições, mas somente esquemas de definições; em vez destas, deveríamos colocar proposições gerais; de modo similar, as chamadas ideias primitivas (*Urzeichen*) da lógica também não são ideias primitivas, mas os seus esquemas. A ideia incorrecta de que há coisas chamadas factos ou complexos e relações facilmente conduz à opinião de que tem de haver uma relação de questionamento dos factos; surge então a questão de saber se uma relação pode ser válida entre um número arbitrário de coisas, pois um facto pode seguir-se de casos arbitrários. É um facto que a proposição que, por exemplo, exprime que q se segue de p e p $\supset$ p é esta: p.p $\supset$ q. $\supset_{p.q.}$ q

Em apuros, é-se tentado a interpretar «não-p» como «tudo o resto que não p». Que de um único facto p se siga uma infinidade de outros, não-não-p, etc., dificilmente é credível. O homem possui uma capacidade inata para construir símbolos com os quais se pode expressar algum sentido, sem ter a menor ideia do que cada palavra significa. O melhor exemplo disto é a matemática, pois o homem tem usado até recentemente os símbolos para os números, sem saber o que significam ou que eles nada significam. [*Cf.* 5.43]

Os «complexos» de Russell deveriam ter a útil propriedade de serem compostos e combinar assim com isto a agradável propriedade de poderem ser tratados como «simples». Mas, só por isso, tornaram-se sem préstimo como tipos lógicos, posto que teria havido significação em afirmar, acerca de um sim-

147

ples, que ele era complexo. Mas uma *propriedade* não pode ser um tipo lógico.

Todo o enunciado acerca de complexos aparentes pode ser resolvido na soma lógica de um enunciado acerca dos constituintes e um enunciado acerca da proposição que descreve completamente o complexo. Como, em cada caso, se deverá fazer a resolução é uma questão importante, mas a sua resposta não é incondicionalmente necessária para a construção da lógica. [*Cf.* 2.0201.]

Que «ou» e «não», etc., não são relações no mesmo sentido que «direita» e «esquerda», etc., é obvio para o homem comum. A possibilidade de definições cruzadas nos antigos indefiníveis lógicos mostra, por si, que estes não são os indefiníveis correctos, e, ainda mais conclusivamente, que estes não denotam relações. [*Cf.* 5.42.]

Se transformarmos um constituinte a de uma proposição $\phi(a)$ numa variável, então existe a classe

$$\hat{p}\{(\exists x).\phi(x) = p\}$$

Esta classe, em geral, ainda depende do que, por uma *convenção artitrária*, visamos com «$\phi(x)$». Mas se transformarmos em variáveis todos os símbolos cuja significação foi determinada arbitrariamente, ainda há uma tal classe. Mas tal não depende de nenhuma convenção, mas apenas da natureza do símbolo «$\phi(x)$. Ele corresponde a um tipo lógico. [*Cf.* 3.315.]

Os tipos nunca podem ser distinguidos um do outro dizendo (como muitas vezes se faz) que um tem estas, mas o outro tem aquelas propriedades, pois isto pressupõe que há um *significado* na afirmação de todas estas propriedades para ambos os tipos. Donde se deduz que, quando muito, estas propriedades podem ser tipos, mas não certamente os objectos acerca dos quais são afirmadas. [*Cf.* 4.1241.]

Em apuros, inclinamo-nos sempre para explicações das funções lógicas das proposições que pretendem introduzir na função ou apenas os constituintes destas proposições, ou só a sua forma, etc., etc.; e fazemos vista grossa ao facto de que a linguagem comum não conteria as proposições completas, se não precisasse delas: contudo, por exemplo, «não-p» pode ser explicado, tem de haver sempre um significado dado à questão «o que é negado?»

A própria explicação de Frege de «não-p» e «se p então q», de que se segue que «não-não-p» denota o mesmo que p, torna provável que haja um método de designação em que «não-não--p» corresponda ao mesmo símbolo que «p». Mas se este método de designação basta à lógica, tem de ser o correcto.

Os nomes são pontos, as proposições setas — têm *sentido*. O sentido de uma proposição é determinado pelos dois pólos *verdadeiro* e *falso*. A forma da proposição é como uma linha recta que divide todos os pontos de um plano em esquerda e direita. A linha fá-lo automaticamente, a forma da proposição só por convenção. [*Cf.* 3.144.]

Se, na lógica, pouco ligamos à relação de um nome com o seu significado, também pouco nos preocupamos com a relação de uma proposição com a realidade, mas queremos saber o significado dos nomes e o sentido das proposições — assim como introduzimos um conceito indefinível «A» dizendo: «'A' denota algo indefinível», assim também introduzimos, por exemplo, a forma da proposição aRb dizendo: «Para todos os significados de «x» e «y», «xRy» exprime algo indefinível acerca de x e y».

Em vez de toda a proposição «p», escrevamos «^a_bp»: deixemos que toda a correlação de proposições entre si ou entre nomes e proposições seja efectuada por uma correlação dos seus pólos «a» e «b». Seja esta correlação transitiva. Então, em conformidade, «$^{a-a}_{b-b}$p» é o mesmo símbolo que «^a_bp». Sejam dadas n proposições. Chamo então uma «classe de pólos» destas proposições a toda a classe de n membros, cada um dos quais é um pólo de uma das n proposições, de tal modo que um membro corresponde a cada proposição. Correlaciono, então, com cada classe de pólos um dos dois pólos (a e b). Não posso definir, mas conheço, o sentido do facto simbolizante assim construído.

Se p = não-não-p, etc., isto mostra que o método tradicional do simbolismo está errado, pois permite uma pluralidade de símbolos com o mesmo sentido; donde se segue que, na análise de tais proposições, não podemos ser guiados pelo método de simbolização de Russell.

Deve-se lembrar que os nomes não são coisas, mas classes: «A» é a mesma letra que «A». Isto tem consequências sumamente importantes para toda a linguagem simbólica. [*Cf.* 3.203].

Nem o sentido nem o significado de uma proposição é uma coisa. Estas palavras são símbolos incompletos.

Não é possível prescindir de proposições em que o mesmo argumento ocorre em posições diferentes. É inútil, obviamente, substituir ϕ (a,a) por $\phi(a,b).a = b$.

Uma vez que as funções-ab de p são, por seu turno, proposições bipolares, podemos a partir delas formar funções-ab, e assim por diante. Deste modo, surgirá uma série de proposições em que, em geral, os factos simbolizantes serão os mesmos em vários membros. Se encontrarmos agora uma função-ab de uma espécie tal que, através da sua aplicação repetida, possa ser gerada toda a função-ab, então, podemos introduzir a totalidade de funções-ab como a totalidade daquelas que são geradas por aplicação desta função. Tal função é $\sim$p v $\sim$q.

É fácil supor uma contradição no facto de que, por um lado, toda a proposição complexa possível é uma função-ab simples de proposições simples, e que, por outro, a aplicação repetida de uma função-ab é suficiente para gerar todas estas proposições. Se, por exemplo, uma afirmação puder ser gerada pela dupla negação, estará a negação, de algum modo, contida na afirmação? Negará «p» «não-p» ou afirmará «p», ou ambos? E como é que as coisas se passam com a definição de «$\supset$» através de «v» e «.», ou «v» através de «.» e «$\supset$»? E, por exemplo, como deveremos introduzir p | q (isto é, $\sim$p v $\sim$q), se não dissermos que esta expressão diz algo indefinível acerca de todos os argumentos p e q? Mas as funções-ab têm de ser introduzidas como se segue: a função p | q é meramente um instrumento mecânico para construir todos os símbolos possíveis de funções-ab. Os símbolos que surgem por aplicação repetida do símbolo «|» *não* contêm o símbolo «p|q». Precisamos de uma regra segundo a qual possamos formar todos os símbolos de

APÊNDICE I 1913

funções *ab*, a fim de sermos capazes de falar da sua classe; e agora falamos delas, por exemplo, como daqueles símbolos de funções que podem ser geradas por aplicação repetida da operação «|». E dizemos agora: para todos os p e q, «p | q» diz algo indefinível acerca do sentido das proposições simples que estão contidas em p e q. [*Cf.* 5.44.]

O sinal de afirmação não tem logicamente muita significação. Só mostra, em Frege, Whitehead e Russell, que estes autores têm as proposições assim indicada por verdadeiras. «⊢», por conseguinte, tão pouco pertence à proposição como (digamos) o número da proposição. Uma proposição não pode dizer de si própria que é verdadeira. [*Cf.* 4.442.]

Toda a teoria correcta do juízo tem de me impossibilitar de julgar que estes tinteiros de mesa são o livro. A teoria de Russell não satisfaz este requisito. [*Ver* 5.5422.]

É claro que compreendemos as proposições sem saber se são verdadeiras ou falsas. Mas só podemos saber o *significado* de uma proposição quando soubermos se ela é verdadeira ou falsa. O que compreendemos é o sentido da proposição. [*Cf.* 4.024.]

O pressuposto da existência de objectos lógicos faz que, nas ciências, pareça notável que as proposições da forma «p v q», «p ⊃ q», etc., não sejam apenas provisórias, quando «v» e «⊃» estão dentro do alcance de um sinal de generalidade [variável aparente].

QUARTO MANUSCRITO

Se formássemos todas as proposições atómicas, o mundo estaria inteiramente descrito se declarássemos a verdade ou falsidade de cada uma. [*Cf.* 4.26.]

A principal característica da minha teoria é que, nela, *p* tem o mesmo *significado* que não-*p*. (*Cf.* 4.0621.)

Uma teoria falsa das relações facilmente faz parecer que a relação entre facto e constituinte seria a mesma que a relação entre factos, que dela se segue. Mas a similaridade das duas pode assim expressar-se:

$$\phi a. \supset_{\phi,a} a = a.$$

Se uma palavra cria um mundo de tal modo que nele os princípios da lógica são verdadeiros, cria assim um mundo em que toda a matemática é válida; e, de modo análogo, não poderia criar um mundo em que a proposição fosse verdadeira, sem criar os seus constituintes. [*Cf.* 5.123.]

Sinais da forma «p ∨ ∼q» estão desprovidos de sentido, mas não a proposição «(p).p ∨ ∼q». Se sei que esta rosa é vermelha ou não vermelha, nada sei. O mesmo vale para todas as funções-*ab*. [*Cf.* 4.461.]

Compreender uma proposição significa saber o que é o caso, se ela for verdadeira. Daí que possamos compreendê-la, sem saber se é verdadeira. Compreendêmo-la, quando compreendemos os seus constituintes e as suas formas. Se soubermos o significado de «a» e «b», e se soubermos o significado de «xRy» para todos os x e y, então também compreendemos «aRb». [*Cf.* 4.024.]

Compreendo a proposição «aRb» quando sei que lhe corresponde o facto de aRb ou o facto de não aRb; mas tal não se deve confundir com a falsa opinião de que compreendi «aRb» quando sei se «aRb ou não aRb» é o caso.

Mas a forma de uma proposição simboliza do seguinte modo: consideremos símbolos da forma «xRy»; a estes correspondem primariamente pares de objectos, dos quais um tem o nome «x», e o outro o nome «y». Os x e os y estão em várias relações entre si; entre outras, é válida a relação R entre alguns, mas não entre outros. Determino, então, o sentido de «xRy» estabelecendo o seguinte: quando os factos se comportam([5]) com «xRy» de tal modo que o significado de «x» está na relação R com o significado de «y», então digo que [os factos] têm um «sentido idêntico» [*gleichsinnig*»] à proposição «xRy»; de outro modo, têm um «sentido oposto» [*«entgegengesetzt»*]; correlaciono os factos com o símbolo «xRy» *mediante* a sua divisão em factos de sentido idêntico e factos de sentido oposto. A esta correlação corresponde a correlação de nome e de significado. Ambas são psicológicas. Assim, compreendo a forma «xRy» quando souber que ela discrimina

---

([5]) Isto é, *sich verhalten zu*, se relacionam com.

APÊNDICE I 1913

o comportamento de x e y, de acordo com o facto de estes estarem, ou não, na relação R. Deste modo, extraio a relação R de todas as relações possíveis, tal como, através de um nome, extraio o seu significado de entre todas as coisas possíveis.

Estritamente falando, é incorrecto dizer: compreendemos a proposição p quando sabemos que «'p' é verdadeira» $\equiv$ p; pois assim aconteceria se acidentalmente as proposições à direita e à esquerda do símbolo «$\equiv$» fossem ambas verdadeiras ou falsas. Requer-se não apenas uma equivalência, mas uma equivalência formal, que está ligada com a introdução da forma de p.

O sentido de uma função-ab de p é uma função do sentido de p. [*Cf.* 5.2341.]

As funções-ab usam a discriminação dos factos, que os seus argurnentos destacam, a fim de gerarem novas discriminações.

Somente os factos podem exprimir sentido; uma classe de nomes, não. Isto mostra-se facilmente.

Não há uma coisa que seja a forma da proposição, e nenhum nome é o nome de uma forma. Por isso, também não podemos dizer que uma relação que, em certos casos, é válida entre cóisas, seja válida, às vezes, entre formas e coisas. Tal colide com a teoria do juízo de Russell.

É muito fácil esquecer que, apesar de as proposições de uma forma poderem ser verdadeiras ou falsas, cada uma delas só pode ser ou verdadeira ou falsa, e não ambas as coisas.

Entre os factos que tornam verdadeira «p ou q», há alguns que tornam «p e q» verdadeira; mas a classe que torna «p ou q» verdadeira é diferente da classe que torna verdadeira «p e q»; e só isto importa. Pois introduzimos esta classe, por assim dizer, quando introduzimos funções-ab. [*Cf.* 5.1241.]

Uma objecção muito natural ao modo como introduzi, por exemplo, as proposições da forma xRy é que, através dela, proposições como ($\exists$.x.y).xRy e similares não são explicadas, as quais, contudo, têm decerto em comum com aRb o que cRd tem em comum com aRb. *Mas* quando introduzimos proposições da forma xRy, não mencionámos nenhuma proposição particular desta forma; e só precisamos de introduzir

(∃x,y).ϕ(x,y) para todos os ϕ de modo que torne o sentido destas proposições dependente do sentido de todas as proposições da forma ϕ(a,b), e assim fica provada a justeza do nosso procedimento.

Os indefiníveis da lógica têm de ser independentes uns dos outros. Se se introduzir um indefinível, tem de ser introduzido em todas as combinações em que pode ocorrer. Não podemos, por conseguinte, introduzi-lo primeiro para uma combinação, depois para outra; por exemplo, se a forma xRy foi introduzida tem, daí por diante, de ser compreendida em proposições da forma aRb do mesmo modo que em proposições como (∃.x,y).xRy e outras. Não podemos introduzi-la, primeiro, para uma classe de casos, e depois para outra; ficaria em dúvida se o seu significado seria o mesmo em ambos os casos, e não haveria fundamento para usar o mesmo material de símbolos de combinação em ambos os casos. Em suma, para a introdução de símbolos indefiníveis e a combinação de símbolos vale o mesmo, *mutatis matandis*, que Frege disse para a introdução de símbolos por definições. [*Cf.* 5.451.]

É *a priori* provável que a introdução de proposições atomísticas seja fundamental para a compreensão de todas as outras espécies de proposições. De facto, a compreensão de proposições gerais depende, claro está, da introdução de proposições atomísticas.

A definibilidade cruzada no âmbito das proposições gerais leva a questões bastante parecidas às do âmbito das funções-*ab*.

Quando dizemos «A acredita que *p*», isto soa, na verdade, como se pudéssemos substituir «*p*» por um nome próprio; mas podemos ver que aqui está em causa um *sentido*, não um significado, se dissermos «A acredita que '*p*' é verdadeiro»; e a fim de tornar a direcção de *p* ainda mais explícita, poderíamos dizer «A acredita que 'p' é verdadeiro e 'não-p' é falso». Aqui exprime-se a bipolaridade de *p*, e parece que deveremos ser capazes de exprimir a proposição «A acredita que *p*» correctamente apenas mediante a notação-*ab*; por exemplo, fazendo que «A» tenha uma relação com os pólos «a» e «b» de a-p-b. As questões epistemológicas respeitantes à natureza do juízo e da crença não podem ser solucionadas sem uma correcta apreensão da forma da proposição.

A notação-*ab* mostra a dependência de *ou* e *não*; não deverão, por isso, ser empregues como indefiníveis simultâneos.

Não: «O signo complexo 'aRb'» diz que *a* está na relação R com *b*, mas *que* 'a' está numa certa relação com 'b'diz *que* aRb. [3.1432.]

Na filosofia, não há deduções: *ela* é puramente descritiva.

A filosofia não oferece imagens da realidade.

A filosofia não pode confirmar nem refutar a investigação científica.

A filosofia consiste na lógica e na metafísica: a lógica é a sua base.

A epistemologia é a filosofia da psicologia. [*Cf.* 4.1121.]

Desconfiar da gramática é o primeiro requisito para filosofar.

As proposições nunca podem ser indefiníveis, pois são sempre complexas.

Que palavras como «ambulo» são também complexas vê-se no facto de que a sua raiz com uma terminação diferente dá um sentido diverso. [*Cf.* 4.032.]

Somente a doutrina dos indefiníveis gerais nos permite compreender a natureza das funções. Negligenciar esta doutrina leva a uma obscuridade impenetrável.

A filosofia é a doutrina da forma lógica das proposições científicas (não apenas das proposições primitivas).

A palavra «filosofia» deve designar sempre algo acima ou abaixo, mas não ao lado, das ciências naturais. [*Cf.* 4.111.]

O juízo, a ordem e a pergunta estão todos ao mesmo nível; mas têm todos em comum a forma proposicional, que realmente nos interessa.

A estrutura da proposição tem de ser reconhecida, o resto vem por si. Mas a linguagem comum esconde a estrutura da proposição: nela, as relações aparentam ser predicados, os predicados nomes, etc.

Os factos não podem ser *nomeados*.

É fácil supor que «indivíduo», «particular», «complexo», etc., são ideias primitivas da lógica. Russell, por exemplo, diz que «indivíduo» e «matriz» são «ideias primitivas». Este erro deve, porventura, explicar-se pelo facto de, mediante o emprego de variáveis em vez do signo de generalidade, chegar a parecer que a lógica lida com coisas que foram privadas de todas as propriedades, excepto a de coisidade, e com proposições privadas de todas as propriedades, excepto a de complexidade. Esquecemo-nos de que os indefiníveis dos símbolos [*Urbilder von Zeichen*] só ocorrem sob o signo da generalidade, nunca no seu exterior.

Assim como as pessoas costumavam debater-se para passar todas as proposições à forma sujeito-predicado, é agora natural conceber toda a proposição como exprimindo uma relação, o que é também incorrecto. O que é justificado neste anseio inteiramente satisfeito pela teoria de Russell das relações fabricadas.

Uma das tentativas mais naturais para uma solução consiste em ver «não-p» como «o oposto de p», onde «oposto» seria a relação indefinível. Mas facilmente se vê que toda a tentativa do género para substituir as funções-ab por descrições tem de falhar.

A falsa pressuposição de que as proposições são nomes leva-nos a acreditar que tem de haver objectos lógicos: porquanto tais coisas terão de ser o significado das proposições lógicas.

Uma explicação correcta das proposições lógicas tem de lhes conferir uma posição única, perante todas as outras proposições.

Nenhuma proposição pode dizer algo sobre si própria, porque o símbolo da proposição não pode estar contido nela própria; isto tem de ser a base da teoria dos tipos lógicos. [*Cf.* 3.332.]

APÊNDICE I 1913

Toda a proposição que diz algo indefinível acerca de uma coisa é uma proposição de sujeito-predicado; toda a proposição que diz algo indefinível acerca de duas coisas exprime uma relação dual entre essas coisas, e assim por diante. Assim, toda a proposição que contém apenas um nome e uma forma indefinível é uma proposição de sujeito-predicado, e assim por diante. Um símbolo simples indefinível só pode ser um nome; por conseguinte, podemos saber, mediante o símbolo de uma proposição atomística, se ela é uma proposição de sujeito-predicado.

APÊNDICE II

NOTAS DITADAS A G.E. MOORE NA NORUEGA([6])
Abril 1914

As proposições ditas LÓGICAS *mostram* [as] propriedades lógicas da linguagem e, por conseguinte, do Universo, mas nada *dizem*. [*Cf.* 6.12.]

Quer isto dizer que mediante um simples olhar para elas se podem *ver* estas propriedades; enquanto numa proposição correcta não se pode ver que é verdadeira olhando para ela. [*Cf.* 6.113.]

É impossível *dizer* o que são estas propriedades; para o fazer, seria preciso uma linguagem que não tivesse as propriedades em questão, e é impossível que ela fosse uma linguagem *genuína*. Impossível construir [uma] linguagem ilógica.

Para se ter uma linguagem que possa exprimir ou *dizer* tudo o que *pode* ser dito, ela deve ter certas propriedades; e quando isso acontece, *que* ela as tenha já não pode ser dito nessa linguagem ou em *qualquer* linguagem.

Uma linguagem ilógica seria aquela em que se pudesse, por exemplo, colocar um *evento* num buraco.

([6]) Os parêntesis rectos à volta de frases ou parágrafos completos são de Wittgenstein; caso contrário, assinalam algo acrescentado na edição.

CADERNOS • 1914-1916

Assim, uma linguagem que *pode* exprimir tudo *espelha* certas propriedades do mundo pelas propriedades que ela deve ter; e as proposições ditas lógicas mostram *de um modo sistemático* aquelas propriedades.

O modo habitual de as proposições lógicas mostrarem, de facto, estas propriedades é assim: damos uma certa descrição de uma espécie de símbolo; reparamos que outros símbolos, combinados de certas maneiras, produzem um símbolo desta descrição; e *que* eles o façam mostram algo acerca destes símbolos.

A descrição dada na lógica comum é, regra geral, a descrição de uma tautologia; mas *outras* poderiam mostrar igualmente bem, por exemplo, uma contradição. [*Cf.* 6.1202.]

Cada proposição *real* mostra algo, além do que diz, acerca do Universo: *pois*, se ela não tiver sentido, não pode ser usada; e se tiver um sentido, espelha alguma propriedade lógica do Universo.

Por exemplo, considere-se ϕa, $\phi a \supset \psi a$, ψa. Só por olhar para estes três (símbolos), consigo ver que o terceiro se infere do primeiro e do segundo; isto é, consigo ver o que se chama a verdade de uma proposição lógica, a saber, da proposição $\phi a \,.\, \phi a \supset \psi a : \supset : \psi a$. Mas isto *não* é uma proposição; ao ver que é uma tautologia, consigo ver o que já vi, ao olhar para as três proposições: a diferença é que *agora* vejo QUE ela é uma tautologia. [*Cf.* 6.1221.]

Para compreender o que acima se disse, queremos referir quais as propriedades que um símbolo deve ter para ser uma tautologia.

São possíveis muitas maneiras de o dizer: uma é apresentar *certos símbolos*; em seguida, dar uma série de regras para os combinar; e então dizer: qualquer símbolo formado a partir daqueles símbolos, combinando-os segundo uma das regras dadas, é uma tautologia. Isto obviamente diz algo acerca da espécie de símbolo que assim se pode obter.

160

Este é o procedimento efectivo da Lógica *antiga*: fornece as chamadas proposições primitivas; as chamadas regras de dedução; e, então, diz que o que se pode obter pela aplicação das regras às proposições é uma proposição lógica que se *demonstrou*. A verdade é que ela diz algo *acerca* da espécie de proposição que se obteve, a saber, que ela pode ser derivada dos primeiros símbolos através destas regras de combinação (= é uma tautologia).

Por conseguinte, se dissermos que uma proposição *lógica* se *segue* logicamente de outra, isto significa algo muito diferente de dizer que uma proposição *real* se segue logicamente de *outra*. Pois a chamada *demonstração* de uma proposição lógica não prova a sua *verdade* (as proposições lógicas não são verdadeiras nem falsas), mas prova que *ela* é uma proposição lógica = é uma tautologia. [*Cf.* 6.1263.]

As proposições lógicas *são formas de demonstrações*: mostram que uma ou mais proposições se seguem de uma (ou mais) proposição. [*Cf.* 6.1264.]

As proposições lógicas *mostram* algo, *porque* a linguagem em que se exprimem pode *dizer* tudo o que pode ser *dito*.

Esta mesma distinção entre o que pode ser *mostrado* pela linguagem, mas não pode ser dito, explica a dificuldade sentida acerca dos tipos — por exemplo, no que concerne à diferença entre coisas, factos, propriedades, relações. Que M seja uma *coisa* não pode ser *dito*; é absurdo: mas *algo* é *mostrado* pelo símbolo «M». Do mesmo modo, que uma *proposição* seja uma proposição de sujeito-predicado não pode ser dito: mas é *mostrado* pelo símbolo.

Por conseguinte, uma TEORIA *dos tipos* é impossível. Tenta dizer algo acerca dos tipos, quando apenas se pode falar acerca de símbolos. Mas o *que* se diz dos símbolos não é que este símbolo tem aquele tipo, o que seria absurdo pela mesma razão: mas diz-se simplesmente: *este* é o símbolo, para evitar um mal-entendido. Por exemplo, em «aRb», «R» *não* é um símbolo, mas *que* «R» está entre um nome e outro simboliza. Aqui, *não* dissemos: este símbolo não é deste tipo mas daquele, mas somente: *este* simboliza e aquele não. Isto parece cometer novamente o mesmo erro, porque «simboliza» é «tipicamente ambíguo». A análise verdadeira é: «R» não é um nome próprio, e que «R» está entre «a» e «b» exprime uma *relação*. Aqui há duas proposições *de tipo diferente* ligadas por «e».

Por exemplo, com uma proposição de sujeito-predicado, é *óbvio* que, *se* ela tiver um sentido qualquer, *se vê* a forma, logo que se compreender a proposição, apesar de não se saber se ela é verdadeira ou falsa. Mesmo se *houvesse* proposições da forma «M é uma coisa», elas seriam supérfluas (tautológicas), porquanto o que isso tenta dizer é algo que já foi *visto* quando se vê «M».

Na expressão supra mencionada «aRb», falámos apenas deste «R» particular, ao passo que o que queremos fazer é falar de todos os símbolos similares. Temos de dizer: em *qualquer* símbolo desta forma, o que corresponde a «R» não é um nome próprio, e o facto de que [«R» esteja entre «a» e «b»] exprime uma relação. Isto é o que se tenta expressar pela afirmação absurda: símbolos como este são de um certo tipo. Isto não se pode dizer porque, para o dizer, tem de se saber primeiro que símbolo é: e, ao saber isto, *vê-se* o tipo e, por conseguinte, também o tipo daquilo que é simbolizado. Ou seja, ao saber aquilo *que* simboliza, sabe-se tudo o que há para saber; não se pode *dizer* algo acerca do símbolo.

Por exemplo: considerem-se duas proposições (i) «Aquilo que simboliza aqui é uma coisa», (ii) «Aquilo que simboliza aqui é um facto relacional=relação». Estas duas proposições são sem sentido por duas razões: (a) porque mencionam «coisa» e «relação»; (b) porque as mencionam em proposições da mesma forma. As duas proposições têm de ser expressas em formas inteiramente diferentes, se correctamente analisadas; e nem a palavra «coisa» nem «relação» devem ocorrer.

APÊNDICE II 1914

Veremos *agora* como analisar correctamente proposições em que ocorrem «coisa», «relação», etc.

(1) Tome-se ϕx. Queremos explicar o significado de 'Em «ϕ x» simboliza uma coisa'. A análise é: —

($\exists$y) . y simboliza . y = «x» . «ϕx»

[«x» é o nome de y: «ϕx» = «"ϕ" está [à] esquerda de "x"» e *diz* ϕx.]

N.B. «x» não pode ser o nome deste rabisco y, porque isto não é uma coisa: mas pode ser o nome de uma *coisa*; e temos de compreender que o que aqui estamos a fazer é explicar o que seria significado ao falar-se de um símbolo ideal, que consiste realmente em uma *coisa* estar à esquerda de outra, que nele simboliza uma *coisa*.

[*N.B.* Na expressão ($\exists$y) . ϕy, está-se apto a dizer que isto significa «Há uma *coisa* tal que...». Mas, de facto, deveríamos dizer «Há um y, tal que...»; o facto de y simbolizar exprime o queremos dizer.]

Em geral: quando tais proposições são analisadas, desaparecendo as palavras «coisa», «facto», etc., surgirá no seu lugar um novo símbolo, de forma análoga à daqueles de que estamos a falar; e então será imediatamente óbvio que *não podemos* obter uma espécie de proposição a partir de outra por substituição.

Na nossa linguagem, os nomes *não* são *coisas*: não sabemos o que são: tudo o que sabemos é que são de um tipo diferente das relações, etc., etc. O tipo de um símbolo de uma relação é parcialmente fixado pelo tipo de um símbolo de uma coisa, posto que tem de ocorrer nele um símbolo do último tipo.

N.B. Em qualquer proposição comum, por exemplo, «Moore bom», isto *mostra* e não diz que «*Moore*» está à esquerda de «bom»; e o *que aqui* é mostrado pode ser *dito* por outra proposição. Mas tal aplica-se somente à *parte* arbitrária do que é mostrado. As propriedades *lógicas* que ela

163

mostra não são arbitrárias, e que ela as tenha não se pode dizer em nenhuma proposição.

Quando dizemos de uma proposição da forma «aRb» que o que ela simboliza é que «R» está entre «a» e «b», há que recordar que, de facto, a proposição é susceptível de uma análise ulterior porque a, R e b não são *simples*. Mas o que parece ser certo é que, quando a tivermos analisado, chegaremos, no fim de contas, a proposições da mesma forma no tocante ao facto de elas consistirem numa coisa que está entre outras duas[7].

Como podemos falar da forma geral de uma proposição, sem conhecer nenhumas proposições inanalisáveis em que ocorram nomes e relações particulares? O que nos justifica ao fazermos isto é que, apesar de não conhecermos nenhumas proposições inanalisáveis desta espécie, podemos, contudo, compreender o que é significado por uma proposição da forma $(\exists x, y, R) \,.\, xRy$ (que é inanalisável), embora não conheçamos nenhuma proposição da forma xRy.

Se se tivesse uma qualquer proposição inanalisável em que ocorressem nomes e relações particulares (e a proposição *inanalisável* = uma proposição em que ocorrem somente símbolos fundamentais = não susceptíveis de *definição*), então poderia sempre formar-se a partir dela uma proposição da forma $(\exists x, y, R) \,.\, xRy$, a qual, apesar de não conter nomes e relações particulares, é inanalisável.

(2) A questão pode aqui apresentar-se do seguinte modo. Tome-se ϕa e ϕA: e pergunte-se o que é significado ao dizer-se, «Há uma coisa em ϕa, e um complexo em ϕA»?

(1) significa: $(\exists x) \,.\, \phi x \,.\, x = a$
(2) $(\exists x, \psi \xi) \,.\, \phi A = \psi x \,.\, \phi x$[8].

---

[7] Este parágrafo está ligeiramente elidido.

[8] ξ é a marca de um *Argumentstelle* em Frege, para mostrar que ϕ é uma *Funktionsbuchstabe*. Há [nesta passagem] várias definições apagadas e parcialmente ilegíveis.

APÊNDICE II 1914

O uso de proposições lógicas. Pode haver uma proposição tão complicada que não se consiga ver, ao encará-la, que ela é uma tautologia; mas mostrou-se que, mediante certas operações, ela pode ser derivada de outras certas proposições de acordo com a nossa regra para a construção de tautologias; daí que se esteja capacitado para a ver de outra maneira. Por exemplo, se a nossa tautologia é da forma p ⊃ q, pode ver-se que q se segue de p; e assim por diante.

A *Bedeutung* [referência] de uma proposição é o facto que lhe corresponde, por exemplo, se a nossa proposição fosse «aRb», e se fosse verdadeira, o facto correspondente seria o facto aRb; se fosse falsa, seria o facto ∼aRb. *Mas* «o facto aRb» e «o facto ∼aRb» são ambos símbolos incompletos, que têm de ser analisados.

Que uma proposição tem uma relação (em sentido lato) com a Realidade, diferente da de *Bedeutung*, mostra-se pelo facto de a conseguirmos compreender quando não conhecemos a *Bedeutung*, isto é, quando não sabemos se é verdadeira ou falsa. Expressemos isto dizendo: «Ela tem *sentido*» (*Sinn*).

Ao analisarmos a *Bedeutung*, chega-se ao *Sinn* da seguinte maneira: queremos explicar a relação da proposição com a realidade. A relação é como se segue: os seus elementos *simples* têm significado = são nomes de elementos simples; e as suas relações têm uma relação bastante diferente com as relações; e estes dois factos já estabelecem um género de correspondência entre uma proposição que os contém e só a eles, e a realidade: isto é, se todos os elementos simples de uma proposição forem conhecidos, já sabemos que PODEMOS descrever a realidade, dizendo que ela se comporta de um certo modo com a proposição toda. (Isto equivale a dizer que podemos *comparar* a realidade com a proposição. No caso de duas linhas, podemos *compará-las* no tocante ao comprimento, sem qualquer convenção: a comparação é automática. Mas, no nosso caso, a possibilidade da comparação depende das convenções pelas quais atribuimos significados aos nossos elementos sim-

165

ples — nomes e relações.) Só resta fixar o método de comparação: ao dizer algo acerca dos nossos elementos simples é dizer algo acerca da realidade. Por exemplo, suponhamos que temos duas linhas de comprimento desigual; e referir o facto de que a mais curta é do comprimento que é também é indicar que a mais longa é do comprimento que *ela* é. Deveríamos, então, ter estabelecido uma convenção no tocante ao significado da mais curta, do mesmo género que estamos prestes a atribuir.

Infere-se daqui que «verdadeiro» e «falso» não são propriedades acidentais de uma proposição, de tal modo que, quando ela tem significado, podemos dizer que é também verdadeira ou falsa: ter significado, pelo contrário, significa ser verdadeira ou falsa: o ser verdadeira ou falsa constitui realmente a relação da proposição com a realidade — o que intentamos ao dizer que ela tem sentido (*Sinn*).

À primeira vista, parece haver uma certa ambiguidade no que se pretende ao dizer que uma proposição é «verdadeira», devido ao facto de que, no caso de proposições diferentes, o modo como elas correspondem aos factos a que correspondem é, aparentemente, bastante diferente. Mas o que é realmente comum a todos os casos é que eles têm de ter *a forma geral de uma proposição*. Ao darmos a forma geral da proposição, explicamos que espécie de maneiras de combinar os símbolos de coisas e relações corresponderá (será análogo) às coisas que têm essas relações na realidade. Ao fazê-lo, estamos a dizer o que se intenta ao dizer-se que uma proposição é verdadeira; e há que fazê-lo de uma vez por todas. Afirmar «Esta proposição *tem sentido*» significa «'Esta proposição é verdadeira» significa...' («p» é verdadeiro = «p». p. Def.: só que em vez de p temos de introduzir aqui a forma geral de uma proposição [9].)

---

[9] O leitor deve lembrar-se que, segundo Wittgenstein, «'p'» não é um nome, mas uma descrição do facto que constitui a proposição. Ver *supra* página 160.

APÊNDICE II 1914

À primeira vista, parece que a notação ab estará errada porque parece, aparentemente, tratar o verdadeiro e o falso como estando exactamente no mesmo nível. Deve ser possível, a partir dos próprios símbolos, ver que há alguma diferença essencial entre os pólos, se a notação estiver correcta; e parece que tal era, de facto, impossível.

A interpretação de um simbolismo não deve depender de atribuirmos uma interpretação diferente a símbolos dos mesmos tipos.

A assimetria é introduzida mediante a descrição de uma forma particular do símbolo, que chamamos uma «tautologia». A descrição do símbolo-ab isolado é simétrica no que concerne a a e b; mas esta descrição, e mais o facto de que o que satisfaz a descrição de uma tautologia *é* uma tautologia, é assimétrica a seu respeito. (Dizer que uma descrição era simétrica quanto aos dois símbolos significaria que poderíamos substituir um pelo outro, permanecendo, todavia, idêntica a descrição, isto é, significaria o mesmo.)

Considere-se p.q e q. Quando se escreve p.q na notação ab, é impossível ver, a partir apenas do símbolo, que dele se segue q; pois, se se interpretasse como falso o pólo-verdadeiro, o mesmo símbolo representaria p v q, do qual não se segue q. Mas, no momento em que se diz *que* símbolos são tautologias, torna-se imediatamente possível, a partir do facto, ver que eles existem e que, do símbolo original, se segue q.

As *proposições lógicas* mostram todas, CLARO, algo diferente: mostram todas do mesmo modo, a saber, pelo facto de serem tautologias, mas são tautologias diferentes e, por conseguinte, cada uma mostra algo diferente.

O que não é arbitrário acerca dos nossos símbolos não são eles, nem as regras que damos; mas o facto de que, tendo dado essas regras, outras são fixadas = seguem-se logicamente. [*Cf.* 3.342.]

167

Assim, embora seja possível interpretar a forma que olhamos como a forma de uma tautologia enquanto forma de uma contradição e vice-versa, elas *são* diferentes na forma lógica, pois, apesar de a forma aparente dos símbolos ser a mesma, o que *simboliza* nelas é diferente; logo, o que se infere acerca dos símbolos a partir de uma das interpretações é diferente do que se segue a partir da outra. Mas a diferença entre a e b *não* é uma diferença de forma lógica, pelo que nada se seguirá apenas desta diferença no tocante à interpretação de outros símbolos. Assim, por exemplo, p.q, p v q parecem símbolos da forma lógica exactamente igual na notação ab. Dizem, todavia, algo de todo diferente; e se se perguntar porquê, a resposta parece ser: num dos casos, o rabisco de cima tem a forma b, no outro a forma a. Ao passo que a interpretação de uma tautologia como tautologia é a interpretação de uma forma lógica, e não a atribuição de um significado a um rabisco de uma determinada forma. A questão importante é que a interpretação da forma do simbolismo se deve fixar dando uma interpretação às suas *propriedades lógicas*, e *não* a rabiscos particulares.

As constantes lógicas não podem ser transformadas em variáveis: porque o que nelas simboliza *não* é o mesmo; todos os símbolos pelos quais uma variável pode ser substituída simbolizam do *mesmo* modo.

Descrevemos um símbolo e dizemos arbitrariamente: «Um símbolo desta descrição é uma tautologia». E, então, segue-se imediatamente que qualquer outro símbolo que responda à mesma descrição é uma tautologia, e que qualquer símbolo que não o faça *não* é uma tautologia: Ou seja, determinámos arbitrariamente que qualquer símbolo dessa descrição será uma tautologia; e, uma vez isto determinado, já não é arbitrário no tocante a qualquer outro símbolo, seja ele uma tautologia ou não.

Tendo assim fixado o que é, ou não, uma tautologia, podemos, então, após a determinação novamente arbitrária de que a relação a-b é transitiva, obter a partir dos dois factos que «p ≡ ∼(∼p)» é uma tautologia. Pois ∼(∼p) = a-b-a-p-b-a-b. A questão é esta: o processo de raciocínio pelo qual chegamos ao resultado de que a-b-a-p-b-a-b é o *mesmo símbolo* que a-p-b, é exactamente o mesmo que aquele pelo qual descobrimos que o seu significado é o mesmo, a saber, onde raciocinamos se b-a-p-b-a, então *não* a-p-b, se a-b-a-p-b-a-b, então *não* b-a-p-b-a, portanto, se a-b-a-p-b-a-b, então a-p-b.

Do facto de a-b ser transitiva segue-se que, onde temos a-b-a, o primeiro *a* tem com o segundo *a* a mesma relação que tem com *b*. Tal como do facto de a-verdadeiro implicar b-falso, e b-falso implicar c-verdadeiro, podemos obter que a-verdadeiro implica c-verdadeiro. E conseguiremos ver, após termos determinado a descrição de uma tautologia, que p ≡ ∼(∼p) é uma tautologia.

Que, quando se fornece uma certa regra, um símbolo é tautológico *mostra* uma verdade lógica.

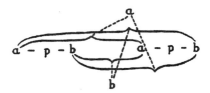

Este símbolo pode interpretar-se como uma tautologia ou como uma contradição.

Ao estabelecer-se que ele deve ser interpretado como uma tautologia, e não como uma contradição, não estou a outorgar um *significado* a *a* e a *b*; isto é, a dizer que eles simbolizam coisas diferentes, mas do mesmo modo. O que estou a fazer é dizer que o modo em que o pólo-a está conectado com o símbolo integral simboliza de *modo diferente* daquele em que simbolizaria, se o símbolo fosse interpretado como uma contradição. E acrescento os rabiscos a e b unicamente para mostrar de que modos é simbolizada a conexão, a fim de se tornar evidente que onde quer que o mesmo rabisco ocorra no lugar correspondente noutro símbolo, também aí a conexão simboliza de modo idêntico.

Poderíamos, claro está, simbolizar qualquer função-ab, sem usar os dois pólos *exteriores*, apenas, por exemplo, omitindo o pólo-b; e, aqui, aquilo que simbolizaria seria que os três pares de pólos interiores das proposições estariam ligados de um certo modo ao pólo-a, enquanto o outro par *não* lhe estaria associado. E, assim, a diferença entre os rabiscos a e b, onde os usarmos, mostra apenas que é um diferente estado de coisas que está a simbolizar num e noutro caso: num deles, que certos pólos interiores estão conectados de certo modo com um pólo exterior; no outro, *que não*.

O símbolo para uma tautologia, seja qual for a forma em que a coloquemos, por exemplo, mediante a omissão do pólo-a ou do pólo-b, seria sempre susceptível de ser usado como o símbolo para a contradição; só que *não* na mesma linguagem.

A razão por que $\sim$x não tem significado é simplesmente não termos dado significado algum ao símbolo $\sim\xi$. Isto é, enquanto ϕx e ϕp aparentam ser do mesmo tipo, não o são porque, para dar um significado a $\sim$x, teria de se ter alguma *propriedade* $\sim\xi$. Aquilo que simboliza em $\phi\xi$ é *que* ϕ está à esquerda de *um* nome próprio e, claro está, isso não é assim em $\sim$p. O que é comum a todas as proposições em que o nome de uma propriedade (em termos latos) ocorre é que este nome está à esquerda de uma *forma de nome*.

A razão pela qual, por exemplo, «Platão Sócrates» talvez possa, aparentemente, ter um significado, ao passo que «Abracadabra Sócrates» jamais será suspeita de o ter, é porque sabemos que «Platão» tem significado, e não advertimos que, para a frase inteira ter um significado, o que é necessário não é que «Platão» deva ter um significado, mas que o deveria ter o facto de *que* «Platão» *está à esquerda de um nome*.

APÊNDICE II 1914

A razão por que «A propriedade de não ser verde não é verde» *carece de sentido* é porque só atribuimos significado ao facto de «verde» estar à direita de um nome; e «a propriedade de não ser verde» não é obviamente assim.

ϕ de modo nenhum poderá estar à esquerda de (ou em qualquer outra relação com) o símbolo de uma propriedade. Pois o símbolo de uma propriedade, por exemplo, ψx é *que* ψ está à esquerda de uma forma de nome, e outro símbolo ϕ não pode de nenhum modo estar à esquerda de semelhante *facto*: se fosse, teríamos uma linguagem ilógica, o que é impossível.

$$p \text{ é falso} = \sim(p \text{ é verdadeiro}) \text{ Def.}$$

É muito importante que as relações aparentemente lógicas v, $\supset$, etc., precisem de colchetes, pontos, etc., isto é, têm «alcances»; o que mostra que, por si só, não são relações. Este facto tem sido descurado, porque é tão universal — a própria coisa que o faz tão importante. [*Cf.* 5.461.]

Há relações *internas* entre uma proposição e outra; mas uma proposição não pode ter com outra *a* relação interna que um *nome* tem com uma proposição de que é uma componente, e que deve ser intentada quando se diz que «ocorre» nela. Neste sentido, uma proposição não pode «ocorrer» noutra.

As relações *internas* são relações entre tipos, que não podem ser expressas em proposições; são todas mostradas nos próprios símbolos, e podem ser exibidas sistematicamente em tautologias. A razão por que lhes chamamos «relações» é porque as proposições lógicas têm uma relação análoga com elas, com aquilo que as proposições genuinamente relacionais têm com as relações.

As proposições podem ter muitas relações internas diferentes entre si. *A* que nos permite deduzir uma de outra é que se, por exemplo, elas são ϕa e $\phi a \supset \psi a$, então $\phi a . \phi a \supset \psi a : \supset : \psi a$ é uma tautologia.

O símbolo de identidade exprime a relação interna entre uma função e o seu argumento: isto é, $\phi a = (\exists x) \, . \, \phi x \, . \, x = a$.

A proposição $(\exists x) \, . \, \phi x \, . \, x = a : \equiv : \phi a$ pode ver-se como uma tautologia, se exprimirmos as *condições* de verdade de $(\exists x) \, . \, \phi x \, . \, x = a$, sucessivamente, por exemplo, dizendo: isto é verdade *se* tal e tal; e isto é verdade, por sua vez, *se* tal e tal, etc., para $(\exists x) \, . \, \phi x \, . \, x = a$; e, então, também para ϕa. Exprimir o assunto desta maneira é em si uma notação incómoda, da qual a notação-ab é uma tradução mais arrumada.

O que num símbolo simboliza é aquilo que é comum a todos os símbolos que podem ser substituídos de acordo com as regras da lógica = regras sintácticas para a manipulação de símbolos. [*Cf.* 3.344.]

A questão de se uma proposição tem sentido (*Sinn*) nunca pode depender da *verdade* de outra proposição acerca de uma componente da primeira. Por exemplo, a questão de saber se $(x) \, x = x$ tem significado (*Sinn*) não pode depender da questão de $(\exists x) \, x = x$ ser verdadeira. Ela não descreve de todo a realidade, e lida, por conseguinte, apenas com símbolos; e diz que eles têm de *simbolizar*, mas não o *que* simbolizam.

É óbvio que os pontos e os colchetes são símbolos, e eles não têm, decerto, nenhum significado *independente*. Por conseguinte, para se introduzirem correctamente as chamadas «constantes lógicas», há que introduzir a noção geral de *todas as* suas combinações *possíveis* = a forma geral de uma proposição. Introduzimos, assim, simultaneamente as funções-ab, a identidade e a universalidade (as três constantes fundamentais).

A *proposição variável* $p \supset p$ não é idêntica à *proposição variável* $\sim(p.\sim p)$. Os universais correspondentes *seriam* idênticos. A proposição variável $\sim(p.\sim p)$ mostra que a partir de $\sim(p.q)$ se obtém uma tautologia, substituindo $\sim p$ por q, enquanto a outra não mostra isto.

172

APÊNDICE II 1914

É muito importante dar-se conta de que quando se tem duas relações diferentes $(a,b)_R$, $(c,d)_S$ isto não estabelece uma correlação entre *a* e *c*, e *b* e *d*, ou *a* e *d*, e *b* e *c*: não há qualquer correlação que se estabeleça assim. Claro está, no caso de dois pares de termos unidos pela *mesma* relação, há uma correlação. Isto mostra que a teoria que sustenta que um facto relacional contém os termos e as relações unidas por uma *copula* (ϵ_2) não é verdadeira; pois, se assim acontecesse, haveria uma correspondência entre termos de relações diferentes.

Surge a questão: como ocorre uma proposição (ou função) noutra proposição? A própria proposição ou função não pode, de modo nenhum, estar em relação com os outros símbolos. Por isso, temos de introduzir as funções e os nomes de uma só vez na nossa forma geral de uma proposição; explicando o que se intenta, por meio da atribuição de significado ao facto de os nomes estarem entre a $|(^{10})$, e que a função está à esquerda dos nomes.

É verdade, em certo sentido, que as proposições lógicas são «postulados» — algo que «exigimos»; pois *exigimos* uma notação satisfatória. [*Cf.* 6.1223.]

Uma tautologia (*não* uma proposição lógica) não é um contra-senso no mesmo sentido em que o é, por exemplo, uma proposição na qual há palavras que não têm significado. O que nela se passa é que todas as suas partes simples têm significado, mas é tal que as conexões entre estes se paralisam ou se destroem entre si, de modo que estão ligados apenas de uma maneira irrelevante.

As funções lógicas pressupõem-se todas umas às outras. Assim como podemos ver que $\sim$p não tem sentido, se p não o tiver; assim podemos também dizer que p não tem sentido, se $\sim$p não o tiver. O caso é bastante diferente com ϕa e a;

(^{10}) Possivelmente «entre as barras de Sheffer».

pois aqui a tem um significado independentemente de ϕa, embora ϕa o pressuponha.

As constantes lógicas parecem ser símbolos de complexos, mas, por outro lado, podem permutar-se entre si. Não são, por conseguinte, realmente complexas; o que simboliza é simplesmente o modo geral em que estão combinadas.

A combinação de símbolos numa tautologia não pode de modo nenhum corresponder a qualquer combinação particular dos seus significados — corresponde a toda a combinação possível; e, por conseguinte, o que simboliza não pode ser a conexão dos símbolos.

Do facto de eu *ver* que um ponto está à esquerda de outro, ou que uma cor é mais escura do que outra, parece seguir-se que *é* assim; e se é assim, isto só pode ser se houver uma relação *interna* entre ambos; e poderíamos exprimir isto dizendo que a *forma* do último é parte da *forma* do primeiro. Poderíamos, assim, dar um sentido à afirmação de que as leis lógicas são *formas* de pensamento, e o espaço e o tempo *formas* da intuição.

Tipos lógicos diferentes podem nada ter em comum. Mas o mero facto de podermos falar da possibilidade de uma relação de n lugares, ou de uma analogia entre um com dois lugares e um com quatro, mostra que as relações com diferentes números de lugares têm algo em comum, e, por conseguinte, a diferença não é de tipo, mas como a diferença entre nomes diferentes — algo que depende da experiência. Isto responde à questão de como podemos saber que obtivemos realmente a forma geral de uma proposição. Só temos de introduzir o que é *comum* a todas as relações de quaisquer números de lugares.

A relação de «Acredito que p» a «p» pode comparar-se à relação de «'p'» diz (*besagt*) p' a p: é tão impossível que *eu* deveria ser um simples como o deveria ser este «p». [*Cf.* 5.542.]

174

APÊNDICE III

EXCERTOS DE CARTAS DE WITTGENSTEIN A RUSSELL, 1912-20

Cambridge, 22. 6. 12.
... A lógica está ainda num cadinho, mas há uma coisa que, para mim, é cada vez mais óbvia: as proposições da lógica contêm SOMENTE variáveis *aparentes;* e seja qual for a correcta explicação patenteada das variáveis aparentes, as suas consequências *devem* ser estas: não há NENHUMAS constantes *lógicas.*

A lógica tem de se revelar uma ciência de um género *totalmente* diferente de qualquer outra ciência.

1. 7. 12.
... Pensarás que enlouqueci, se fizer a seguinte sugestão?: o signo «(x).ϕx» não é um símbolo completo; tem significado apenas numa inferência do género: de $\vdash \phi x \supset_x \psi x . \phi(a)$ segue-se ψa. Ou mais geral: de $\vdash (x).\phi x.\epsilon_o(a)$ segue-se $\phi(a)$. Estou muitíssimo inseguro — claro está — acerca da questão, mas algo do tipo poderá ser verdade.

Hochreit, Post Hohenberg, Baixa Áustria. (Verão, 1912.)
... O que presentemente me perturba não é o assunto da variável aparente, mas antes o significado de «v» «$\supset$», etc. Este último problema é — penso — ainda mais fundamental e, se possível, menos reconhecido como problema. *Se* «pvq» significa um complexo — o que é bastante duvidoso — *então,*

175

tanto quanto percebo, há que tratar «v» como *parte* de uma cópula do modo antes mencionado. Tentei — assim creio — todos os modos possíveis de solução *segundo essa hipótese* e descobri que, se alguém o fizer, terá de ser mais ou menos assim:

Escrevamos a proposição « de ⊢p e ⊢q segue-se ⊢r» deste modo: «i(p;q;r)». Aqui «i» é uma cópula (podemos chamá-la inferência) que liga *complexos*.

Então «⊢ϵ_I(x,y).v.ϵ_I (u,z)» deverá significar:

«⊢(ϵ_I (x,y), ϵ_I (z,u), β (x,y,z,u)). i[ϵ_I (x,y); ϵ_I (z,u), β (x,y,z,u)]

⊢(ϵ_I (x,y), ϵ_I (z,u), β (x,y,z,u)). i[$\sim\epsilon_I$ (x,y); ϵ_I (z,u), β (x,y,z,u)]

⊢(ϵ_I (x,y), ϵ_I (z,u), β (x,y,z,u)). i[ϵ_I (x,y); $\sim\epsilon_I$ (z,u), β (x,y,z,u)]

⊢(ϵ_I (x,y), ϵ_I (z,u), β (x,y,z,u)). i[$\sim\epsilon_I$ (x,y); $\sim\epsilon_I$ (z,u), β (x,y,z,u)]

⊢(x,y,z,u).»

Se «pvq» não significar um complexo, então sabe Deus o que significa!!

Agosto, 1912

... Quanto a 'pvq', pensei nessa possibilidade — a saber, que todos as nossas dificuldades seriam superadas pressupondo espécies diferentes de Relações de sinais com coisas — repetidas vezes, durante as últimas oito semanas! Mas cheguei à conclusão de que este pressuposto *não* nos presta qualquer ajuda. De facto, se elaborares uma tal teoria — verás, segundo creio, que *ela nem sequer aflora o nosso problema*. Ultimamente, descobri uma saída (ou talvez não) para a dificuldade. É demasiado longa para ser aqui explicada, mas digo-te o seguinte, baseia-se nas novas formas das proposições. Por exemplo: ⫠ (p,q), que significa 'o complexo p tem a forma oposta da forma de q'. Isso significa que ⫠ (p,q) é válida, por exemplo, quando p é ϵ_I (a,b) e q é $\sim\epsilon_I$ (c,d). Outro exemplo desta nova forma é Ѱ (p,q,r) que significa qualquer coisa como: «A forma do complexo r compõe-se das formas de p e q no modo 'ou'». Isso significa que Ѱ (p,q,r) é válida, por exemplo, quando p é ϵ_I (a,b), q é ϵ_I (c,d) e r ϵ_I (e,f)v ϵ_I (g,h), etc., etc. Deixo à tua imaginação o resto.

1912

Creio que a origem dos nossos problemas está nas proposições *atomísticas*. Perceberás isto se tentares explicar precisamente de que modo a cópula tem significado numa tal proposição.

Não o posso explicar e penso que logo que for dada uma resposta exacta a esta questão, o problema de «v» e da variável aparente aproximar-se-á *muito* da sua solução, ou ficará mesmo resolvido. Ando agora a pensar no «Sócrates é humano» (Bom velho Sócrates!).

IV Alleegasse 16. Viena. 26. 12. 12

... Tive uma longa discussão com Frege acerca da nossa teoria do simbolismo, cujas linhas gerais ele compreendeu por alto. Disse-me que iria reflectir sobre o assunto. O problema do complexo está agora mais claro para mim e espero realmente conseguir resolvê-lo.

IV Alleegasse 16. Jan. 1913

... Mudei a minha concepção dos complexos «atomísticos»: agora, penso que as qualidades, relações (como o amor), etc., são todas cópulas! Significa isto que eu, por exemplo, analiso uma proposição de sujeito-predicado, digamos, «Sócrates é humano» em «Sócrates» e «algo é humano» (que, a meu ver, não é complexa). A razão para tal é assaz fundamental: penso que não pode haver diferentes Tipos de coisas! Por outras palavras, tudo o que possa ser simbolizado por um simples nome próprio tem de pertencer a um tipo. E mais: toda a teoria dos tipos se deve tornar supérflua mediante uma correcta teoria do simbolismo: por exemplo, se analisar a proposição Sócrates é mortal em Sócrates, mortalidade e $(\exists\, x,y)$ $\epsilon_I (x,y)$, quero que uma teoria dos tipos me diga que «mortalidade é Sócrates» é desprovida de sentido, porque se eu tratar «mortalidade» como um nome próprio (como fiz) não há nada que me impeça de fazer a substituição pelo lado oposto e errado. *Ma*s se analisar (como agora faço) em Sócrates e $(\exists\, x)$. x é mortal ou, em geral, em x e $(\exists\, x)\ \phi$, torna-se impossível substituir pelo lado oposto e errado, porque os dois símbolos são agora eles próprios de *espécie* diferente. Aquilo de que estou *mais* certo não é, contudo, da justeza do meu presente modo de análise, mas do facto de que toda a teoria dos tipos deve ser eliminada por uma teoria do simbolismo. Mostra esta que aparentemente *diferentes espécies de coisas* são simbolizadas por diferentes espécies de símbolos, os quais não podem de modo nenhum ser substituídos entre si. Espero tê-lo feito com bastante clareza!

As proposições que anteriormente escrevi ϵ_2 (a,R,b) escrevo-as agora R(a,b) e analiso-as em a,b e $\underbrace{(\exists\,x,y)\ R(x,y)}$

não complexo

Junho, 1913

... Agora, consigo exprimir exactamente a minha objecção à tua teoria do juízo: para mim, é óbvio que da proposição «A julga que (por exemplo) *a* está numa relação R com *b*», se for analisada com correcção, se deve seguir directamente, *sem o uso de qualquer outra premissa*, a proposição «a R b.v.∼a R b». Esta condição não é preenchida pela tua teoria.

Hochreit, Post Hohenberg, Baixa Áustria, 22. 7. 13

... O meu trabalho vai bem; os meus problemas tornam-se agora a cada dia mais claros e sinto-me bastante esperançado. Todo o meu progresso surge da ideia de que os *indefiníveis* da Lógica são da espécie geral (do mesmo modo que as ditas *definições* da Lógica são gerais) e isto, por seu turno, provém da abolição da variável real.

... Lamento saber que a minha objecção à tua teoria do juízo te paralisou. Penso que ela só pode ser eliminada por uma correcta teoria das proposições.

Hochreit, Post Hohenberg, B. A.

(Esta carta parece ter sido escrita em oca-
sião próxima da carta datada de 22. 7. 13.)

O teu axioma da redutibilidade é

$$\vdash : (\exists f) : \phi x \equiv_x f!x,$$

ora, não se trata de um contra-senso, porquanto esta proposição só tem um significado se pudermos transformar ϕ numa variável *aparente*. Se não o conseguirmos fazer, jamais se poderão seguir do teu axioma quaisquer leis gerais. Todo o axioma me parece agora um mero truque de prestidigitação. Diz-me se há nele mais alguma coisa. O axioma, tal como o apresentas, é apenas um esquema e o verdadeiro Pp deveria ser

$$\vdash: . \, (\phi) : (\exists f) : \phi \, (x) \equiv _x f!x,$$

e qual seria a sua utilidade?

5. 9. 13

Estou sentado num pequeno lugar, no interior de um fiorde lindíssimo, a pensar na horrível teoria dos tipos. Há ainda alguns problemas *muito* difíceis (e também fundamentais) por resolver e não começarei a escrever até ter alguma espécie de solução para eles. Não penso, contudo, que isso afecte de algum modo o assunto da bipolaridade, que ainda se me afigura absolutamente intangível.

Draegni, Skjolden, Sogn, Noruega. 29. 10. 13

... A identidade é o Diabo, e *imensamente importante*; *muito* mais do que eu pensava. Permanece estritamente associada — como tudo o mais — às questões mais fundamentais, sobretudo às questões respeitantes à ocorrência do *mesmo* argumento em lugares diferentes de uma função. Tenho imensas ideias para uma solução do problema, mas não consegui ainda chegar a nada de definitivo. Apesar de tudo, não desanimo e continuo a pensar.

30. 10

Escrevi esta carta[11] ontem. Desde então, vieram-me à cabeça bastantes ideias novas; surgiram novos problemas na teoria das proposições moleculares e a teoria da inferência recebeu um novo e importante aspecto. Uma das consequências das

---

[11] A carta precedente; o excerto presente é um *post-scriptum*.

minhas novas ideias irá ser — penso eu — que toda a lógica resulte apenas de um Pp!! Não posso dizer mais por agora.

1913

Obrigado pela tua carta e pelo material dactilografado!([12])
Começarei a responder às tuas perguntas o melhor que puder:

(1) A tua pergunta era — penso que devido a uma gralha de impressão (polaridade em vez de *bi*-polaridade). Pretendo dizer que *só* compreendemos uma proposição se soubermos o que seria o caso se ela fosse *falsa* e se ela fosse *verdadeira*.

(2) O símbolo para ∼p é a-b-p-a-b. A própria proposição p tem dois pólos e não importa nada onde é que eles estão. Poderias igualmente escrever ∼p assim:

ou b — a — p — b — a, etc., etc. O que *é* importante é que o novo pólo-*a* deveria ser correlacionado com o antigo pólo-*b* e vice-versa, *onde quer que estes pólos possam estar*. Se te tivesses lembrado apenas do esquema VF de ∼ p, nunca terias feito essa pergunta (penso). De facto, todas as regras do simbolismo ab se seguem directamente da essência do esquema VF.

(3) Ainda não pode ser decidido se as funções-ab e as tuas funções de verdade são a mesma coisa.

(4) «A correlação dos novos pólos deverá ser transitiva» significa que correlacionando um pólo de modo simbolizante com outro e o outro com um terceiro, correlacionámos *assim* o primeiro, de modo simbolizante, com o terceiro, etc. Por exemplo, em a-b-a-bpa-b-a-b, a e b estão correlacionados respectivamente com *b* e *a*, e isto significa que o nosso símbolo é o mesmo do que a-bpa-b.

(5) (p) p v ∼ p *é* deduzida da *função* p v∼q, mas a questão só se tornará bastante clara quando a identidade estiver

---

([12]) Presumivelmente as *Notas sobre a Lógica* de 1913.

clara (como disseste). Escrever-te-ei mais longamente acerca deste assunto noutra ocasião.

(6) Explicação no material dactilografado.

(7) Dizes que, na tua opinião, *Bedeutung* era o «facto», e é verdade, mas lembra-te de que não há tais coisas como factos; por conseguinte, também esta proposição carece de análise. Ao referir «die Bedeutung», falamos, aparentemente, de uma coisa com um nome próprio. Claro que o símbolo para «um facto» é uma proposição, e isto *não* é um símbolo incompleto.

(8) O indefinível a-b exacto está dado no manuscrito.

(9) Uma explicação de indefiníveis gerais? Oh, meu Deus! É demasiado aborrecido!!! Noutra altura! — Sinceramente — escrever-te-ei acerca disso noutra altura, se até lá não descobrires tudo a tal respeito (porque está tudo bastante claro no manuscrito, penso). Mas tenho estado *tão* perturbado com a Identidade que, de facto, não consigo escrever muito palavreado. Todas as espécies de novo material lógico parecem estar a crescer em mim, mas ainda não consigo escrever a seu respeito.

... O que se segue é uma lista das perguntas que me apresentaste na tua carta de 25. 10:

(1) «Qual é a importância de 'p.≡. "p" é verdadeiro'? Ou seja, por que é que vale a pena dizê-lo?»

(2) «Se 'apb' é o símbolo para p, é 'bpa' o símbolo para $\sim$p? e se não, o que é?»

(3) «O que denominas funções-ab são o que os *Principia* chamam 'funções de verdade'. Não vejo por que é que não te aténs ao nome 'funções de verdade'.»

(4) «Não compreendo as tuas regras acerca dos a e dos b, isto é, 'a correlação dos novos pólos deverá ser transitiva'.»

(5) (É óbvio a partir da minha carta) também o é (6).

(7) «Dizes 'Nem o sentido nem a referência de uma proposição é uma coisa. Tais palavras são sinais incompletos'. Compreendo que nenhuma seja uma coisa, mas pensava que *Bedeutung* fosse o facto, o que seguramente não é indicado por um símbolo incompleto?»

Não sei se respondi claramente à pergunta (7). A resposta é, *naturalmente*, esta: a *Bedeutung* de uma proposição é simbolizada pela proposição — que não é, *claro*, um símbolo incompleto, *mas a palavra «Bedeutung»* é um símbolo incompleto.
(8) e (9) são óbvias.

Nov., 1913

... Peço-te que notes que, apesar de eu fazer uso, no que se segue, da minha notação ab, o significado desta notação não é necessário; equivale a dizer que, mesmo que esta notação não deva ser a correcta notação final, o que vou dizer é válido, se admitires — como acredito que o deves fazer — que é uma notação *possível.* Agora, escuta! Falarei primeiro das proposições lógicas que estão, ou podem estar, contidas nos primeiros 8 capítulos dos *Principia Mathematica.* Que todas elas resultam de uma proposição é claro, porque *uma regra simbólica* é suficiente para reconhecer cada uma delas como verdadeira ou falsa. E a regra simbólica é esta: escreve a proposição na notação ab, traça todas as conexões (de pólos) desde os pólos exteriores para os interiores: assim, se o pólo-b estiver ligado *a tais grupos de pólos interiores só enquanto contiver pólos opostos de uma proposição*, então toda a proposição é uma proposição lógica verdadeira. Se, por outro lado, assim acontecer com o pólo-a, a proposição é falsa e lógica. Se, por fim, nenhuma das possibilidades tiver lugar, a proposição pode ser verdadeira ou falsa, mas jamais é lógica. Tal como, por exemplo, (p).$\sim$p — p transmutada para um tipo conveniente — não é, decerto, uma proposição lógica e a sua verdade não pode ser provada nem infirmada a partir apenas de proposições lógicas. O mesmo sucede — já agora — com o teu axioma da redutibilidade, *não é uma proposição lógica*, e o mesmo se aplica aos axiomas de infinito e ao axioma multiplicativo. *Se estas são proposições verdadeiras, então são o que denominarei «acidentalmente» verdadeiras, e não «essencialmente» verdadeiras.* Pode ver-se se uma proposição é acidental ou essencialmente verdadeira escrevendo-a na notação ab e aplicando-lhe a regra anterior. O que eu — ao enunciar esta regra — chamei proposição «lógica» é uma proposição que é ou essencialmente verdadeira ou essencialmente falsa. Esta distinção entre proposições acidental e essencialmente verdadeiras explica — a propósito — o sentimento que sempre se teve acerca do axioma de infinito e do axioma de redutibilidade, o sentimento de que, se eles fossem verdadeiros, o seriam por um feliz acaso.

Claro que a regra por mim dada se aplica, antes de mais, apenas ao que chamaste proposições elementares. Mas facilmente se vê que deve aplicar-se a todas as outras. Pois considera as tuas duas proposições na teoria das variáveis aparentes * 9. 1 e * 9. 11. Coloca, então, em vez de ϕx, $(\exists y).\phi y.y = x$ e torna-se óbvio que os casos especiais destas duas proposições, como os de todas os precedentes, se tornam tautológicos se lhes aplicares a notação ab. A Notação ab para a Identidade não está ainda assaz clara para mostrar isto claramente, mas é óbvio que é possível construir semelhante Notação. Posso resumir, dizendo que a proposição lógica é um dos casos especiais em que ou é tautológico — e a proposição é verdadeira — ou autocontraditório (como lhe chamarei) e, então, é falsa. E a notação ab mostra apenas directamente qual destes dois casos é (se for algum).

Significa isto que há *um* método de provar ou infirmar todas as proposições lógicas e é o seguinte: escrevê-las na notação ab, ver as conexões e aplicar a regra anterior. Mas se *uma* regra simbólica serve, deve também haver *uma* proposição que sirva. De tudo isto se seguem muitas coisas, e muitas outras que poderia explicar só de modo vago; se meditares realmente sobre o assunto, verás que tenho razão.

Noruega, 1913

... Quero uma vez mais repetir, de outro modo, o que escrevi na minha última carta sobre lógica: todas as proposições da lógica são generalizações de tautologias e todas as generalizações de tautologias são proposições da lógica. Não há outras proposições lógicas. (Tenho isto por definitivo). Uma proposição como «$(\exists x).x = x$», por exemplo, é, na verdade, uma proposição da física. A proposição «$(x) : x = x . \supset . (\exists y).y = y$» é uma proposição da lógica; cabe, então, à física dizer *se existe tal coisa*. O mesmo vale para o axioma de infinito; incumbe à experiência determinar se existem $\aleph_0$ coisas, (e ela não o pode decidir). Agora, a propósito do teu axioma de redutibilidade: imagine-se que vivemos num mundo onde nada há, excepto *coisas* e, além disso, *somente uma relação* que é válida entre infinitamente muitas destas coisas, mas não entre cada coisa e outra: e que ela, ademais, nunca é válida entre um número finito de coisas. É claro que o axioma de redutibilidade *não* seria válido em semelhante mundo. É também claro para mim que não cabe à lógica decidir se o mundo em que vivemos é realmente assim ou não. Todavia, não posso ainda dizer com total clareza o que as tautologias realmente são, mas tentarei fornecer uma elucidação aproximada. A característica peculiar (e deveras importante) das proposições *não*-lógicas é que a sua verdade não se pode ver no próprio sinal proposicional. Se eu, por exemplo, disser «Meier é parvo», então, não podes dizer se ela é verdadeira ou falsa pelo facto de teres olhado para esta proposição. As proposições da lógica — e só elas — têm, porém, a propriedade de exprimir a sua verdade e falsidade já no seu próprio sinal. Ainda não consegui arranjar uma notação que satisfaça esta condição; mas *não duvido* que tal notação deva vir a descobrir-se. Para as proposições compostas (proposições elementares) é adequado o modo de notação-ab. Aborrece-me que não tenhas compreendido as regras dos sinais na minha última carta, pois entediava-me *inexplicavelmente* explicar-tas! Podias também chegar a elas por ti mesmo, com um pouco de reflexão!

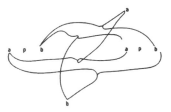

Isto é o sinal para p ≡p; é tautológico porque *b* só está ligado a pares de pólos que consistem nos pólos opostos de uma proposição (p); se aplicares isto a proposições que têm mais de dois argumentos, então obterás as regras gerais segundo as quais se formam as tautologias. Peço-te que medites sobre o assunto. Acho *horrível* repetir uma explicação escrita, que

APÊNDICE III 1912-20

forneci inicialmente com a *maior das relutâncias*. Portanto, fica para outra vez! Se o teu axioma de redutibilidade falhar, várias outras coisas têm de ser alteradas. Por que não usas como definição das classes isto:

$$F[\hat{x}(\phi x)] =: \phi z \equiv_z \psi x. \supset_\psi. F(\psi) \text{ Def.} \qquad ?$$

... A grande questão, agora, é: como criar uma notação mediante a qual toda a tautologia possa ser reconhecida, *de um só e mesmo modo*, como tautologia? Eis o problema fundamental da lógica!

... Quero apenas dizer que a tua Teoria das Descrições está, *sem dúvida*, correcta, embora os sinais originários individuais sejam nela bastante diferentes do que julgas.

Skjolden, 15. 12. 13.

... A questão da natureza da identidade não encontra uma resposta antes de estar esclarecida a natureza das tautologias. Mas esta é a questão fundamental de *toda* a lógica.

Skjolden/Janeiro, 1914

... Agora, mais uma pergunta: não diz o «princípio da razão suficiente» (Lei da Causalidade) apenas que o espaço e o tempo são relativos? Parece-me que isto é agora muito claro, pois todos os acontecimentos, cuja ocorrência este princípio deve supostamente excluir, só podem em geral ocorrer num tempo e num espaço absolutos. (Não se trata, decerto, de uma justificação da minha afirmação.) Mas pensemos no caso de uma partícula que, sendo a única coisa no mundo e tendo estado em repouso desde toda a eternidade, começa repentinamente a mover-se no ponto temporal A; e pensemos em casos semelhantes, veremos — creio — que nenhuma visão *a priori* impede que tais acontecimentos se nos afigurem impossíveis, *excepto no caso* de o espaço e o tempo serem relativos. Por favor, diz-me a tua opinião a este respeito.

CADERNOS • 1914-1916

Cassino, 19. 8. 19.([13])

(1) «Qual é a diferença entre *Tatsache* e *Sachverhalt*?» *Sachverhalt* é o que corresponde a uma *Elementarsatz* [proposição elementar] — se for verdadeira. *Tatsache* é o que corresponde ao produto lógico de proposições elementares, quando o produto é verdadeiro. A razão por que introduzi *Tatsache*, antes de introduzir *Sachverhalt* careceria de uma longa explicação.

(2) «... Mas um *Gedanke* [pensamento] é uma *Tatsache*: quais os seus constituintes e componentes, e qual a sua relação com os da *Tatsache* figurada?» Não sei o *que* são os constituintes de um pensamento; sei, sim, *que* deve haver tais constituintes que correspondam às palavras da Linguagem. O tipo de relação dos constituintes do pensamento e do facto figurado é, por seu turno, irrelevante. A sua descoberta seria uma tarefa da psicologia.

(3) «A teoria dos tipos é, na minha visão, uma teoria do simbolismo correcto: um símbolo simples não deve ser usado para exprimir algo complexo: de modo mais geral, um símbolo deve ter a mesma estrutura que o seu significado.» Eis justamente o que não se pode dizer. Não podes prescrever a um símbolo o que *talvez* se venha a exprimir com o seu uso. Tudo o que um símbolo *pode* expressar, *talvez* o venha a exprimir. Resposta breve, mas verdadeira!

(4) «Consiste um *Gedanke* em palavras?» Não! Mas em constituintes psíquicos, que têm o mesmo género de relação com a realidade que as palavras. Ignoro o que sejam esses constituintes.

(5) «É estranho não ser capaz de falar de Nc^eV([14]).» Isto concerne à questão cardinal sobre o que pode ser expresso por uma proposição, e do que não pode ser expresso, mas apenas mostrado. Não posso aqui alargar-me sobre isso. Lembra-te apenas que aquilo que queres dizer mediante a proposição

---

([13]) Wittgenstein enviara uma cópia do *Tractatus* pela mão de Keynes, e a seguinte carta é uma resposta às dúvidas de Russell acerca do livro.

([14]) No simbolismo de Russell, o número cardinal da classe universal, isto é, de todos os objectos.

186

APÊNDICE III 1912-20

aparente «Há duas coisas» é *mostrado* pela existência de dois nomes que têm significados diferentes (ou pela existência de um nome que pode ter dois significados). Uma proposição, por exemplo, $\phi(a,b)$ ou $(\exists\phi,x,y).\phi(x,y)$ não diz que há duas coisas, diz algo bastante diferente; mas, seja verdadeira ou falsa, mostra-te o que queres exprimir, ao dizer: «Há 2 coisas».

(6) Nenhuma proposição elementar é negativa.

(7) «É também necessário que esteja dada a proposição de que todas as proposições elementares estão dadas.» Tal não é necessário, porque é impossível. Não há semelhante proposição! Que todas as proposições elementares estão dadas é *mostrado* por não haver nenhuma que tenha um sentido elementar que não esteja dado. É a mesma história que no n.º 5.

(8) Suponho que não compreendeste o modo de eu separar, na antiga notação da generalidade, o que é nela função de verdade e o que é pura generalidade. Uma proposição geral é uma função de verdade de *todas as proposições* de uma certa forma.

(9) Tens razão, quando dizes que «$N(\bar{\xi})$» também pode significar $\sim$pv$\sim$qv$\sim$rv... Mas isso não interessa! Suponho que não compreendas a notação «ξ». Não significa «para todos os valores de ξ...» Mas a tal respeito está tudo dito no meu livro, e sinto-me incapaz de escrevê-lo mais uma vez.

9. 4. 20

Muito obrigado pelo teu manuscrito[15]. Não estou totalmente de acordo com várias coisas que lá estão; tanto onde me criticas como também onde queres simplesmente clarificar as minhas opiniões. Mas não faz mal. O futuro julgar-nos--á. Ou pode também não o fazer — e se ficar calado, será também um juízo.

6.5.20.

Ficarás decerto aborrecido comigo, quando te contar uma coisa; a tua introdução não será impressa e, por conseguinte, provavelmente também não o meu livro. — Quando tive diante

---

[15] A introdução de Russell ao *Tractatus*.

de mim a tradução alemã da introdução, não consegui, então, decidir-me a deixá-la imprimir com o meu trabalho. Perdera-se na tradução — obviamente — a subtileza do teu estilo inglês; e sobrou a superficialidade, a má compreensão. Enviei agora o tratado e a tua introdução a Reclam e fiz saber que era meu desejo que a introdução não fosse impressa, e que servisse apenas como orientação sobre o meu trabalho. É, pois, altamente provável que Reclam não aceite o meu trabalho (embora eu não tenha ainda nenhuma resposta).

ÍNDICE

Advertência... 7
Cadernos.. 9
Apêndice I.. 137
Apêndice II... 159
Apêndice III.. 175
Índice... 189

Fotocomposição de MARIANO

Impressão e acabamento da
CASAGRAF – ARTES GRÁFICAS UNIPESSOAL, Lda.
para
EDIÇÕES 70, LDA.
Abril de 2004